Tod
UND
Jenseits

Tod und Jenseits

In Kultur, Wissenschaft, und Literatur

Clifford A. Pickover

Librero

Die englische Originalausgabe erschien 2015 unter dem Titel *Death and the Afterlife. A Chronological Journey from Cremation to Quantum Resurrection*

www.librero-ibp.com

Die Originalausgabe erschien bei Sterling Publishing Co., Inc.
Diese Ausgabe entstand in Zusammenarbeit mit Sterling Publishing Co., Inc.,
33 East 17th Street, New York, NY, VS, 10003

Umschlaggestaltung: Spencer Charles
Layout: Philip Buchanan

Aus dem Englischen übersetzt von
Klaus Kramp, Köln
Satz der deutschsprachigen Ausgabe
Ute Conin, Köln

Printed in China

ISBN 978-90-8998-947-5

„Es kann nicht sein, dass unser Leben nur eine Schaumblase ist, die die Ewigkeit bildet, um für einen Augenblick auf ihren Wogen zu treiben und dann im Nichts zu versinken. Es gibt ein Reich, wo der Regenbogen niemals verblasst, wo die Sterne vor uns wie Inseln ausgebreitet liegen, die im Ozean schlummern, und wo die wundervollen Wesen, die jetzt wie Schatten an uns vorbeiziehen, für immer bei uns bleiben.“

—George D. Prentice, „The Broken-Hearted“
in: *The Country Gentleman* (Bd. 4), 1854

„Das Wort Tod wird weder in New York noch in Paris oder in London ausgesprochen, weil es die Lippen verbrennt. Der Mexikaner sucht, streichelt, foppt, feiert den Tod, schläft mit ihm. Vielleicht quält ihn ebenso die Angst vor ihm wie die anderen, aber er versteckt sich nicht vor ihm noch verheimlicht er ihn, sondern sieht ihm mit Geduld, Verachtung oder Ironie frei ins Gesicht.“

—Octavio Paz, „Das Labyrinth der Einsamkeit“, 1951

„Die Grenzen, die Leben und Tod scheiden, sind unbestimmt und dunkel. Wer kann sagen, wo das eine endet und das andere beginnt?“

—Edgar Allan Poe, „Lebendig begraben“, 1844

„Und weil die Totenmaske wie ein Mahner an der Pforte steht, zwischen dem, was wir Leben nennen und dem, was wir Tod nennen, wird sie immer ein Gegenstand bleiben, der in sich selbst einen überweltlichen Charakter trägt und den man nicht mit der Erfahrung messen darf von Sonnenaufgang, Nacht und abermaligem Tag. Sie ist das letzte Bild des Menschen, sein ewiges Antlitz.“

—Ernst Benkard, *Das ewige Antlitz*, 1926

INHALT

EINLEITUNG

„Der Tod löscht nicht das Licht, sondern nur die Lampe, weil die Dämmerung angebrochen ist.“

—Rabindranath Tagore

DURCH DIE JAHRHUNDERTE HINDURCH HABEN das Wesen und das Geheimnis des Todes Künstler, Wissenschaftler, Philosophen, Physiker und Theologen fasziniert. Symbole und Erzählungen, die den Tod betreffen, haben unsere großen Werke der Kunst, Architektur und Literatur durchdrungen, die ihrerseits unsere Bestattungskultur und Vorbereitungen auf das Ende unseres Lebens geformt haben. Unser Interesse am Tod zusammen mit dem, was jenseits davon liegt, wird auch in der Popkultur widergespiegelt, in der Filme und Bücher oft gruselige und übernatürliche Themen präsentieren, die sich mit Nahtoderfahrungen, dem Jenseits und wiederauferstandenen Kreaturen befassen. Viele dieser Themen sind uralt und greifen zurück auf Zeiten, als Menschen nicht nur an Wunder glaubten, sondern sich auch tief der Natur verbunden fühlten und die Empfindung hatten, von unsichtbaren Dingen umgeben zu sein.

Willkommen bei *Tod und Jenseits,* in dem wir Licht ins Dunkel bringen. In diesem Buch kann sich ein Gegenstand von schaurig oder emotional zu kosmisch oder übersinnlich wandeln, indem man bloß eine einzige Seite umblättert. In welcher Publikation können Sie eine Darstellung von Schiffsgräbern der Wikinger zusammen mit einem Beitrag über Quantenunsterblichkeit finden, die auf geheimnisvolle Weise einen Weg aufzeigt, wie wir dank der Teilchenphysik ewig leben könnten?

Jeder Eintrag in diesem Buch besteht aus nur wenigen Absätzen. Dieses Format erlaubt dem Leser einen schnellen Zugriff auf ein Thema, ohne sich durch einen Wust von Worten durcharbeiten zu müssen. Wollen Sie etwas über die Totengötter der Maya und ihre seltsamen Ballspiele erfahren? Im Artikel über „Xibalba“ können Sie einen interessanten und abwechslungsreichen Bericht über die Unterwelt und den Kosmos dieses legendären Volks lesen. Ergreift Sie Schauder, wenn Sie an einen Totenkopfschwärmer oder die Guillotine denken? Weshalb stürzten sich Kamikazeflieger im Zweiten Weltkrieg mit ihren Maschinen in den Tod? Was ist mit Bifröst oder Transhumanismus gemeint? Wer war die Hexe von Endor und warum trugen Pestärzte im Mittelalter eine Schnabelkleidung? Diese und viele andere zum Nachdenken anregende Fragen werden wir auf den folgenden Seiten behandeln.

Natürlich hat mein Ansatz auch einige Schwächen. Ich kann in wenigen Absätzen nicht die ganze Komplexität eines Themas ausloten. Im Abschnitt „Anmerkungen und weiterführende Literatur“ mache ich daher Vorschläge zu Buchtiteln, die Leser als hilfreichen Ausgangspunkt nutzen können, wenn sie einen Beitrag dieser Publikation weiter vertiefen möchten. Manchmal zitiere ich berühmte Autoren oder Wissenschaftler in den Einträgen dieses Buches, doch der Kürze halber finden sich die Quellen oder Angaben zum Autor nicht im Artikel selbst, sondern im Anhang.

Über viele Jahre hinweg übten Tod, Sterben, Bewusstheit, das Jenseits und Themen im Grenzgebiet zur Wissenschaft eine große Faszination auf mich aus. Einige meiner Interessen lebten wieder auf nach der Lektüre des 2005 verfassten Essays von Greta Christina mit dem Titel „Comforting Thoughts about Death That Have Nothing to Do with God“. Greta schreibt: „Die Tatsache, dass Ihre Lebensspanne nur ein infinitesimal kleines Bruchstück im Leben des Universums ist, dass es eine hohe Wahrscheinlichkeit gibt, dass, wenn Sie sterben, Sie vollständig und für immer verschwinden und dass sich nach fünfhundert Jahren niemand mehr an Sie erinnern wird ... kann Sie dazu bringen, sich ausradiert zu fühlen, jede Freude auszulöschen und Ihr Leben wie Asche in Ihren Händen zu betrachten.“ Anschließend musste ich seufzen. Sie führt weiter aus: „Wir sollten miteinander und mit der Welt verbunden sein und uns dieser Verbindung bewusst sein und einige Jahre damit verbringen, aus diesen Möglichkeiten etwas zu machen.“ Gretas Essay endet aber mit einer versöhnlichen Note, wenn sie die Dinge aufzählt, die zu ihrem Glücklichsein beitragen, etwa Shakespeare, Sex, fünffach gewürztes Hähnchen, Thai-Restaurants, Louis Armstrong und Muster in dahinziehenden Wolken.

Während der Lektüre von *Tod und Jenseits* sollten Sie nicht vergessen, dass, selbst wenn wir einige Vorstellungen und Rituale rund um den Tod für unwissenschaftlich erachten, diese dennoch einer Erörterung wert sind. Darüber hinaus sind nicht alle angesprochenen Themen bedrückend. Unsere Bräuche und Mythen sind immerhin faszinierende Modelle menschlichen Begreifens und kreativen Vermögens und zeigen, wie es uns durch alle Kulturen hindurch gelingt, einander zu verstehen und zu erfahren, was wir für „heilig“ halten.

Unsere Gehirne sind möglicherweise mit einer Sehnsucht nach Magie und unsichtbaren Kräften ausgestattet, aber auch mit einem Bedürfnis, Kontrolle über unser Universum auszuüben und unsere tiefsten Fantasien erfüllt zu bekommen. Vielleicht funktionieren unsere Gehirne und kulturelle Evolution auf eine Weise, die uns empfänglich macht, an die Seele, Geister und das Jenseits zu glauben, um den gesellschaftlichen Zusammenhalt zu befördern und um ein Gefühl von Frieden zu schaffen, wenn Familienmitglieder oder wir selbst sterben müssen. Die Gründe unserer Faszination für den Tod und Rituale, die wir praktizieren, um dem Tod einen Sinn zu verleihen, sind tief im Wesen unserer Natur verankert. Vorstellungen über Tod, Religion, Mythologie und das Jenseits liegen am Rande des Bekannten und Unbekannten und stützen sich auf Gebiete wie Psychologie, Geschichte, Philosophie, Biologie, aber auch viele andere wissenschaftliche Disziplinen. Menschen müssen den Sinn der Welt verstehen und werden für diese Aufgabe weiterhin zugleich logisches und mystisches Denken anwenden. Welche Muster und Verknüpfungen werden wir im Verlauf des einundzwanzigsten Jahrhunderts erleben?

„Der Tod ist die Zerstörung des Gefäßes, in dem unser Geist war. Man darf das Gefäß nicht mit seinem Inhalt verwechseln.“

—Leo Tolstoi

AUFBAU UND ZIEL DES BUCHES

Mein Ziel beim Verfassen von *Tod und Jenseits* war es, einem breiten Publikum einen Abriss seltsamer, mystischer und bedeutender praktischer Ideen an die Hand zu geben, die den Tod und das Leben danach betreffen. Die Einträge sollten kurz sein und nur wenige Minuten beanspruchen. Wir werden eine ausgedehnte Reise durch die Gebiete der Philosophie, der Popkultur, der Naturwissenschaften, der Soziologie, der Kunst und der Religion unternehmen. Die Beiträge in diesem Buch interessieren mich vielfach persönlich. Als ich noch jünger war, wuchs beispielsweise in mir die Faszination heran für Autoren wie H. P. Lovecraft und Edgar Allan Poe oder Maler wie Hugo Simberg und Carlos Schwabe. Wenngleich ich versuche, möglichst viele Bereiche in Wissenschaft und Kultur zu erörtern, so ist es doch schwierig, in allen Aspekten versiert zu sein. Dies ist aber weder als gelehrte noch umfassende Abhandlung gedacht, sondern als unterhaltsame Freizeitlektüre. Leider konnten nicht alle großen wissenschaftlichen, geschichtlichen und kulturellen Konzepte, die sich mit dem Tod befassen, Berücksichtigung finden, um den Rahmen des Buches nicht zu sprengen. Bei der Zusammenstellung der Texte zu *Tod und Jenseits* sah ich mich gezwungen, viele Themen zu übergehen. Dennoch glaube ich, dass ein Großteil der Artikel Ereignisse behandelt, die von historischem und kulturellem Belang sind oder einen bedeutenden oder eigentümlichen Einfluss auf die Wissenschaft und die Gesellschaft hatten. Ich bin dankbar für Rückmeldungen und Verbesserungsvorschläge, da ich das Ganze als fortlaufendes Projekt und Herzensangelegenheit betrachte.

Das Buch ist chronologisch aufgebaut entsprechend dem Jahr eines Eintrags. Datierungen können eine Frage des Ermessens sein, sodass ich gelegentlich Kollegen und andere Wissenschaftler konsultiert habe und anschließend die Entscheidung für das Datum gewählt habe, an dem ein Konzept eine besondere Aufmerksamkeit erfuhr. Viele Zeitangaben sind dennoch bloße Annäherungen. Wo immer es möglich war, habe ich zumindest eine teilweise Begründung eines benutzten Datums angeführt.

Zum Abschluss dieser Einleitung soll noch erwähnt werden, dass das Mysterium der Bewusstheit und das Wesen des Geistes in den kommenden Jahren in den Vordergrund verschiedener Studien rücken werden. Der amerikanische Psychologe und Neurowissenschaftler Stephen Kosslyn hat den bemerkenswerten Vorschlag gemacht, dass „Ihr Geist möglicherweise nicht in Ihrem eigenen Gehirn entsteht, sondern aus den Gehirnen anderer Menschen stammt.“ Er nennt dieses Phänomen „social prothetic system“, um auszudrücken, dass wir von anderen Menschen abhängen, „um unsere Denkfähigkeiten zu erweitern und um uns dabei zu helfen, unsere Emotionen zu steuern und konstruktiv anzuwenden.“ Eine gute Ehe beruht oft darauf, dass zwei Menschen einander in diesem Sinne ergänzen können. Wir „leihen“ in gewisser Weise Teile unserer Gehirne an andere aus. Kosslyn folgert daraus, dass sich Ihr Geist aus Ihren eigenen Gehirnaktivitäten und denen anderer zusammensetzt. Folgt man dieser Argumentationslinie, so „könnte man zu der Auffassung gelangen, dass, wenn Ihr Körper stirbt, Teile Ihres Geistes möglicherweise überdauern."

Während wir altern, werden unsere Körpermoleküle fortlaufend mit unserer Umgebung ausgetauscht. Mit jedem Atemzug atmen wir möglicherweise hunderte von Millionen Atomen ein, die Wochen zuvor von jemand anderem auf der anderen Seite des Planeten ausgeatmet wurden. Betrachtet man dies auf einer höheren Ebene, dann „lösen" sich unsere Gehirne und Organe in dünne Luft auf, wobei die Zellen manchmal genauso schnell erneuert werden wie sie zerstört wurden. Ein oder zwei Jahre später wird der Großteil unserer Körperatome durch neue ersetzt sein. Wir sind eine wimmelnde Masse von atomaren und molekularen Flugbahnen, die Fäden im Gewebe der Raumzeit bilden.

Was bedeutet es, dass Ihr Gehirn auf der molekularen Ebene möglicherweise nur noch wenig mit Ihrem Gehirn vor einigen Jahren gemein hat? Wenn Sie etwas anderes als eine Ansammlung von Atomen sind, die Ihren Körper ausmachen, was sind Sie dann? Sie sind nicht so sehr Ihre Atome als vielmehr das Muster, in dem Ihre Atome angeordnet sind. Menschen sind ein langlebiges Wirrwarr in der Raumzeit. Es ist möglich, dass ein Atom von Jesus von Nazareth in Ihrem Körper zirkuliert. Gilgamesch, der König und Herrscher von Uruk, könnte Teil Ihres Gehirns, Ihrer Sehnen oder Ihres Herzens sein. Ein Atom Ihrer Retina könnte sich in den Tränen einer Mondprinzessin in hundert Jahren befinden. Der englische Schriftsteller und bedeutendste Vertreter der metaphysischen Dichtung im siebzehnten Jahrhundert John Donne (1572–1631) schrieb 1624 in seiner berühmten „Meditation XVII" über dieses Thema:

*„Kein Mensch ist eine Insel, begrenzt in sich selbst;
jeder Mensch ist ein Stück vom Kontinent, ein Teil des Ganzen;
wird ein Erdkloß weggewaschen von dem Meer, so ist Europa
kleiner, wie wenn's ein Vorgebirge wäre, wie wenn's
das Haus deiner Freunde wäre oder dein eigenes;
jedermanns Tod macht mich geringer, denn ich bin
verstrickt ins Schicksal aller, und darum forsch nie nach,
wem die Stunde schlägt, denn sie schlägt dir."*

FEUERBESTATTUNG

RUDOLF VRBA (1924–2006), ALFRÉD WETZLER (1918–1988)

um 20.000 v. Chr.

Man stelle sich die vier riesigen und furchterregenden Krematorien im Vernichtungslager Auschwitz-Birkenau vor, in denen während des Holocaust rund um die Uhr Leichen entsorgt und verbrannt wurden. Gemäß des 1944 verfassten Vrba-Wetzler-Berichts ragte ein gewaltiger Kamin aus der Mitte des Ofenraums empor, um den herum neun Öfen mit jeweils vier Öffnungen angeordnet waren. Im Bericht heißt es: „Eine jede Öffnung fasst 3 normale Leichen auf einmal, welche innerhalb 1½ Stunden vollkommen verbrennen. Dies entspricht einer täglichen Kapazität von etwa 2.000 Leichen." Aus biblisch-talmudischen Gründen heraus verbietet das orthodoxe Judentum grundsätzlich die Feuerbestattung, aber auch säkulare Juden zögern aufgrund des Holocaust, ihre Verstorbenen einäschern zu lassen.

Heute sind Krematorien häufig computergesteuert. Die Überreste der Verstorbenen sind nach der Kremierung noch nicht wirklich Asche, sondern mineralische Knochenreste, die erst im anschließenden Mahlgang zu Grobsand pulverisiert werden. Große Objekte wie Titan-Implantate oder Sargklammern aus Eisen werden vor dem Zermahlen entfernt. Die Asche kann dann in einer Urne aufbewahrt und in ein Kolumbarium (Urnenhalle eines Friedhofs) überführt werden, aber auch in der Erde bestattet oder über dem Land oder Meer verstreut werden.

Buddhisten, Hindus, Jains und Sikhs lassen sich nach ihrem Ableben häufig kremieren. Die Verbrennung im Freien wird oft in Indien praktiziert, etwa öffentlich auf einem Scheiterhaufen an den Ufern des Ganges. Im Islam und in der orthodoxen Kirche hingegen ist die Kremation nicht erlaubt. Im Christentum wurde die Einäscherung jahrhundertelang abgelehnt, sie wird aber mittlerweile in vielen Konfessionen toleriert.

Die Feuerbestattung reicht vermutlich zurück bis 20.000 v. Chr., als die sogenannte Mungo Lady, eine frühe Bewohnerin Australiens, kremiert wurde. Aufgrund der Muster ihrer Verbrennungsspuren nehmen Wissenschaftler an, dass ihre Leiche zunächst verbrannt, dann zertrümmert und erneut verbrannt wurde, ehe die Überreste schließlich mit rotem Ocker überdeckt wurden, um eine eventuelle Rückkehr der Mungo Lady als Geist zu verhindern. Die alten Ägypter mieden die Verbrennung von Leichen und zogen stattdessen die Einbalsamierung vor, um den Übergang ins Jenseits zu erleichtern. Der griechische Dichter der Antike Homer beschrieb als Erster eine Kremation.

Siehe auch Mumien (um 5050 v. Chr.), Himmelsbestattung (1328), Autopsie (1761), Friedhöfe (1831), Einbalsamierung (1867)

Hoch lodern die Flammen beim *Ngaben* (Verbrennungszeremonie) in Ubud, Bali. Die balinesischen Hindus begraben ihre Toten oft für einige Zeit bis zum verheißungsvollen Tag, an dem die Leichen in einen Stier- oder Turm-Sarkophag aus Holz gelegt und zum Kremationsort getragen werden, wo die Verbrennung stattfindet. Man glaubt, dass die Seele durch das Feuer für die Wiedergeburt befreit wird.

NATUFISCHE TRAUERBLUMEN

um 11.000 v. Chr.

„Alles änderte sich mit den Natufiern“, konstatierte der israelische Archäologe Daniel Nadel, als er die **Friedhöfe** und Trauerblumen der Natufier erörterte, eines Volks, das von ungefähr 12.500 v. Chr. bis 9.500 v. Chr. die Levante an der östlichen Mittelmeerküste besiedelte. 2013 wurden Überreste bunter und duftender Blumen in steinzeitlichen natufischen Gräbern entdeckt.

Die natufischen Menschen, die an der Schwelle zur neolithischen Wirtschaftsweise lebten, bewohnten die ältesten bekannten Siedlungen und hinterließen einige der ersten Friedhöfe. Nadel merkt an, dass man vor den Natufiern zwar vereinzelte Gräber vorfinden konnte, die natufischen Grabstätten allerdings mehr als 100 Skelette in einem abgegrenzten Bereich aufwiesen.

In der Rakefet-Höhle, die im Karmelgebirge (Nordisrael) liegt, stieß man auf vier mit Blumen ausgekleidete Gräber, die auf um 11.000 v. Chr. datiert werden. Archäologen fanden Abdrücke von Pflanzenstängeln und Blumen, die vermutlich von Salbei, Braunwurzgewächsen und Minzen stammen. Nadel und seine Kollegen folgerten aus diesen Blumenfunden: „Die Vorbereitung eines Grabes war ein komplizierter geplanter Prozess, der mit sozialen und spirituellen Bedeutungen einherging, die eine komplexe Gesellschaft vor Beginn der Landwirtschaft widerspiegeln, die tiefgreifenden Veränderungen am Ende des Pleistozäns unterlag.“ Wenngleich es potenziell ältere Hinweise auf Trauerblumen in Form von Blütenstaub gibt, der sich in einem 70.000 Jahre alten Grab eines Neandertalers im Irak befand, so argumentierten einige Wissenschaftler, dass die Samen und Blumen durch Ratten in dieses altsteinzeitliche Grab gelangt sein könnten.

Archäologen haben auch Funde gemacht, die nahelegen, dass die Natufier bei einigen Bestattungen einen Teil des Rituals mit einem Leichenschmaus verbanden, was ein weiteres Indiz für die besondere, sozial bezogene Behandlung der Toten liefert. So lagen in einem Grab einer natufischen Frau dutzende geschwärzter Schildkrötenpanzer, die darauf hindeuten, dass die Tiere zur Grabstätte gebracht wurden, um während der Begräbniszeremonie verspeist zu werden. An einigen Gräbern standen große Steinmörser, die möglicherweise als eine Art Grabsteine verwendet wurden oder für die Zubereitung von Getreide für das Totenmahl dienten. Während der Spätphase der Natufien-Kultur wurden manchmal die Schädel entfernt, die dann separat an anderen Orten aufbewahrt wurden.

Siehe auch Hügelgräber (um 4000 v. Chr.), Grabsteine (um 1600 v. Chr.), Trauerzug (um 1590), Friedhöfe (1831)

Menschliche Überreste aus einem natufischen Grab in der Rakefet-Höhle, die im Karmelgebirge (Nordisrael) liegt (Foto von Daniel Nadel).

MUMIEN

JAHRTAUSENDELANG HABEN SICH MENSCHEN mit der Zersetzung des Körpers nach dem Tod befasst, und in verschiedenen Kulturen wurden Schritte gegen diesen Verfall unternommen. So gehören die mit Leinenbinden umwickelten ägyptischen Mumien zu den bekanntesten Beispielen einer alles beherrschenden Auseinandersetzung mit dem Tod als Vorbereitung auf ein Leben im Jenseits. Der Begriff *Mumie* beinhaltet allerdings ein wesentlich breiteres Spektrum und bezieht sich auf Körper, die bewusst oder zufällig durch die Einwirkung von Kälte, das Versinken in Mooren, die Behandlung mit Chemikalien oder Trocknungsmitteln und Ähnliches erhalten blieben. Die auf 5050 v. Chr. datierte Kinderleiche aus der südamerikanischen Chinchorro-Kultur gilt als die älteste künstlich hergestellte Mumie und wäre damit mehrere Jahrhunderte älter als die frühesten ägyptischen Mumien. Die Chinchorro besaßen verschiedene Techniken für die Präparation von Leichen. So wurden bei einem Verfahren zunächst der Kopf, die Beine und Arme vom Rumpf des Leichnams abgetrennt. Anschließend wurden die Eingeweide herausgenommen und dann die Körperteile wieder am Torso befestigt. Manchmal wurde die Leiche mit Stäben verstärkt oder mit Schlamm umhüllt, der in eine menschliche Form modelliert wurde. Da diese Mumien mehrfach übermalt wurden und Gebrauchsspuren zeigten, vermutet man, dass sie als Statuen in Haushalten Verwendung fanden.

Die Ägypter entfernten für die Mumifizierung ihrer Leichen zuerst das Gehirn durch die Nase und dann alle anderen Organe mit Ausnahme des Herzens durch einen Schnitt in die Bauchhöhle. Natürlich vorkommende Salze wie Natron wurden benutzt, um dem Körper die Feuchtigkeit zu entziehen. Im Mittelalter und bis in jüngste Zeit wurde Puder, das aus Mumien zubereitet wurde, für einige medizinische Behandlungen verwendet.

Mumien, die durch natürliche Prozesse entstanden sind, kommen häufig vor und umfassen so berühmte Figuren wie Ötzi, den Mann aus dem Eis, der in einer Höhe von rund 3208 m in den Ötztaler Alpen entdeckt wurde, aber auch Moorleichen, die in nordeuropäischen Hochmooren gefunden wurden und totes Pflanzenmaterial wie Torfmoose enthalten und ihre Konservierung besonderen Bedingungen verdanken, etwa säurehaltigem Wasser, niedrigen Temperaturen und Sauerstoffabschluss. Heute werden Methoden wie die Plastination eingesetzt, um Körper in einem Vorgang zu konservieren, bei dem im Vakuum Wasser in den Zellen durch verschiedene Kunststoffe ersetzt wird.

Siehe auch Feuerbestattung (um 20.000 v. Chr.), *Das Ägyptische Totenbuch* (um 1550 v. Chr.), Terrakotta-Armee (um 210 v. Chr.), Himmelsbestattung (1328), Einbalsamierung (1867), Totenmaske (um 1888), Kryonik (1962)

Erhalten gebliebene Mumien ehemaliger Häuptlinge in einem Dorf, das im Baliem-Tal liegt (West-Papua).

HÜGELGRÄBER

THOMAS JEFFERSON (1743–1826)

DAS ALTENGLISCHE HELDENGEDICHT *BEOWULF*, das auf das achte Jahrhundert datiert wird, endet mit dem Tod Beowulfs und dessen ergreifenden Anweisungen bezüglich seiner letzten Ruhestätte: „Die Helden nun heißet den Hügel mir wölben,/ Wenn ich Asche geworden, am Ufer des Meeres,/ Am Walfischhöft, dass weithin sichtbar/ Zum Gedächtnis dem Volke das Denkmal rage:/ Die Spitze nennen wohl später die Schiffer/ Beowulfs Berg, die die Barken führen/ Von ferne her durch die finstren Gewässer."

Hügelgräber (auch: Grabhügel) aus Erde und/oder Steinen, die auch als Tumuli oder Kurgane bezeichnet werden, sind durch alle Zeiten hindurch und überall auf der Welt in zahlreichen Kulturen entstanden. So wurden in England vom frühen Neolithikum (4000 v. Chr.) bis in die Spätantike (um 600 n. Chr.) Grabhügel errichtet, die Familien- oder Clanmitglieder enthalten haben könnten. In Japan wurden während der sogenannten Kofun-Zeit (drittes bis sechstes Jahrhundert n. Chr.) bedeutende Würdenträger in Tumuli (jap. Kofun) bestattet, von denen das größte für den Kaiser Nintoku im vierten Jahrhundert ausgeführt wurde (725 m lang, 325 m breit und 35 m hoch). Einige japanische Grabhügel waren schlüssellochähnlich gebaut und von Gräben umgeben. Mounds (Grabhügel) bildeten von 1000 v. Chr. bis 700 n. Chr. auch ein zentrales Element verschiedener amerikanischer Indianerkulturen, die entlang dem Mississippi, dem Tennessee und dem Ohio siedelten.

Der amerikanische Gründervater Thomas Jefferson schrieb in seinen *Betrachtungen über den Staat Virginia* bezüglich seiner Ausgrabungen eines indianischen Mounds in Virginia: „Er [der Hügel] hatte eine kugelförmige Gestalt, war unten etwa 40 Fuß [13,71 m] im Durchmesser und hatte eine Höhe von ungefähr 12 Fuß [3,65 m] gehabt. ... Zuerst grub ich an der Oberfläche an verschiedenen Stellen und stieß in verschiedenen Tiefen von 6 Zoll [15,24 cm] bis 3 Fuß [91 cm] auf Ansammlungen von Menschenknochen. Diese lagen in höchster Unordnung durcheinander, einige senkrecht, einige schräg, einige waagrecht ... sodass man vermuten konnte, sie seien dort aus einer Tasche oder einem Korb hineingeschüttet und mit Erde bedeckt worden, ohne auf ihre Ordnung zu achten." Er schätzte, dass „etwa tausend Skelette in dem Hügel ruhen."

Siehe auch Natufische Trauerblumen (um 11.000 v. Chr.), Särge (um 4000 v. Chr.), Beinhäuser (um 1000 v. Chr.), Terrakotta-Armee (um 210 v. Chr.), Schiffsgräber der Wikinger (834), Friedhöfe (1831)

Ostterrasse des Berges Nemrut in der heutigen Türkei bei Sonnenaufgang. Auf dem Bild sieht man Statuen und einen Tumulus, der durch die Aufschüttung von Schottersteinen über dem Grab von Antiochos I. von Kommagene errichtet wurde.

SÄRGE

In der amerikanischen Ballade „Cowboy's Lamento“ fleht ein sterbender Cowboy: „Lass sechs fröhliche Cowboys meinen Sarg tragen,/ Lass sechs hübsche Revuegirls mein Leichentuch halten,/ Deck' zu meinen Sarg mit Rosensträußen,/ Rosen, um zu dämpfen die Erdbrocken, wenn sie niederprasseln.“ Ein Sarg ist zumeist ein sechsseitiges Behältnis mit Deckel und Unterteil, in das ein Toter zu Bestattungszwecken gelegt wird, wobei Särge aus Korb hingegen nur vier Seiten aufweisen. Im Westen fertigten Tischler Särge traditionell aus Holz, allerdings werden mittlerweile auch Materialien wie Stahlblech, Keramik oder Kupfer eingesetzt. Aus Umweltschutzgründen sind in Deutschland auch heute noch auf Friedhöfen mit wenigen Ausnahmen nur Holzsärge und solche aus leicht verrottbaren Substanzen erlaubt.

Der Begriff *Sarg* ist aus dem spätlateinischen Wort *sarcophagus* abgeleitet worden. Die Sumerer platzierten um 4000 v. Chr. ihre Toten in Körben, die aus geflochtenen Zweigen hergestellt wurden. Die alten Ägypter verwendeten prunkvoll verzierte Mumienbehältnisse in Form des menschlichen Körpers, die sich aus einfachen Holzkisten entwickelten. Manchmal wurde ein Satz Mumiensärge ineinander geschachtelt wie die russischen Matrjoschka genannten Puppen. Die Ägypter benutzten auch aus Stein gehauene Sarkophage.

Im heutigen Ghana werden teilweise besonders kunstvolle Särge entworfen, die berühmt sind für ihre Formen und Figuren, die einen Aspekt aus dem Leben eines Verstorbenen herausstellen. Die Anthropologin Marleen de Witte schreibt dazu: „Ein Kakaobauer könnte in einem Kakaoschotensarg bestattet werden, ein erfolgreicher Fischer in einem Fisch, ein international erfolgreicher Geschäftsmann in einem Flugzeug. ...“

Im 19. Jahrhundert wurden verschiedene Sicherheitssärge erfunden und patentiert, um die Angst, **lebendig begraben** zu werden, zu verringern. Einige waren mit Rohren für die Sauerstoffzufuhr und mit Stricken ausgerüstet, um letztere an den Händen von Scheintoten zu befestigen, die auf diese Weise überirdisch ein Glöckchen betätigen konnten. Ein 1897 entwickelter Sicherheitssarg enthielt einen Ball, der auf der Brust des Leichnams angebracht wurde und bei der kleinsten Regung eine Feder in Gang setzte, die ein Fähnchen aus dem Boden heraus ins Freie hochschnellen ließ. Diese Apparatur war allerdings unpraktisch und reagierte auch auf geringste Bewegungen, die durch die Verwesung der Leiche ausgelöst wurden.

Siehe auch Feuerbestattung (um 20.000 v. Chr.), Hügelgräber (um 4000 v. Chr.), Trauerzug (um 1590), Lebendig begraben (1844)

Des alten Schäfers Hauptleidtragender (1837) ist ein Gemälde des englischen Malers Sir Edwin Henry Landseer (1802–1873), das einen Hund zeigt, der seine Schnauze auf den Sarg seines verstorbenen Herrn legt.

HIMMEL

ANNE GRAHAM LOTZ (GEB. 1949)

„Gibt es einen Himmel?", fragt der Geschichtsprofessor Gary Smith. „Die alten Babylonier, Ägypter, Griechen und Römer beschrieben alle einen zukünftigen Ort, wo sich Helden ausruhten, Pharaonen wohnten oder die Gerechten in den **Elysischen Gefilden** picknickten. Die australischen Ureinwohner, aber auch die frühen Polynesier, Peruaner, Mexikaner und Indianer hatten alle Konzepte eines Jenseits." Jahrtausendelang haben Menschen nach oben geschaut und sich vorgestellt, dass Götter den Himmel bewohnen.

Manchmal wurde der Himmel einerseits als das Reich Gottes und himmlischer Wesen betrachtet, andererseits aber auch als der Ort, an den sich die Gerechten nach dem Tod begaben. Der amerikanischen christlichen Predigerin Anne Lotz zufolge ist der Himmel physikalisch existent, nämlich als ein würfelförmiges Gebiet, das eine Seitenlänge von 2.400 km hat und eine Grundfläche aufweist, „die so groß ist wie die Fläche von Kanada bis Mexiko und vom Atlantischen Ozean bis zu den Rocky Mountains", sodass es einfach ist, 20 Milliarden Bewohner unterzubringen, von denen jeder einen eigenen Kubus mit einer Grundfläche von ungefähr 300.000 m^2 besitzt.

Im alten Ägypten um die Zeit der „Pyramidentexte" herum (2400 v. Chr.) war Aaru oder das „Gefilde der Binsen" ein ewiges himmlisches Reich der Toten. Die frühen Israeliten legten zunächst keinen gesteigerten Wert auf ein Leben nach dem Tod, erst später während der schwierigen Zeiten des babylonischen Exils wurde eine Jenseitsvorstellung immer drängender für die Juden – wenn es schon keine Gerechtigkeit auf Erden gab, dann vielleicht im Jenseits. Buddhisten haben verschiedene Himmel, allerdings wird der Aufenthalt des Einzelnen im Himmel angesichts des Endziels, einen Zustand der Erleuchtung (Nirwana) zu erreichen, als vorläufig erachtet. Auch für Hindus ist der Himmel nicht das endgültige Ziel, sondern lediglich temporär und auf den physischen Körper bezogen. In der christlichen biblischen Tradition ist der Himmel Gottes Thron und dank seiner großen Gnade können die Gläubigen in den Himmel auffahren. Islamische Texte schildern den Himmel bisweilen als Ort der Erfüllung körperlicher Wünsche, zu denen das Tragen kostbarer Gewänder und der Genuss von Wein und festlichen Speisen gehören, und erwähnen darüber hinaus mehrere Stufen des Himmels, die auch Bestandteil einiger mesoamerikanischer und polynesischer Religionen sind.

Siehe auch Elysische Gefilde (um 850 v. Chr.), Reinkarnation (um 600 v. Chr.), Hölle (um 400 v. Chr.), Xibalba (um 100 v. Chr.), Engel (380), Bifröst (um 1220), Sommerland (1845), *Im Garten des Todes* (1896)

Das Gemälde *Mariä Himmelfahrt* des italienischen Malers Francesco Botticini (1446–1497) zeigt die drei Hierarchien oder neun Ordnungen der Engel. Die Engel der obersten Stufe, die in unmittelbarer Nähe von Jesus und Maria dargestellt werden, sind die Seraphim, die Cherubim und die Throne.

DAS GILGAMESCH-EPOS

DAS *GILGAMESCH-EPOS*, DAS TAUSEND JAHRE älter ist als die *Ilias* oder die Bibel, gehört zu den ältesten schriftlich überlieferten Heldenerzählungen der Menschheit. Das Original wurde in sumerischer Sprache geschrieben und in Keilschrift in Tontafeln geritzt, die auf um 2000 v. Chr. datiert sind. Die Mesopotamier betrachteten das Jenseits als blassen Abglanz des irdischen Lebens ganz ähnlich dem Scheol der frühen Israeliten, der in der hebräischen Bibel erwähnt wird.

Im *Gilgamesch-Epos* wird das Jenseits geschildert als „das Haus, dessen Bewohner des Lichts entbehren,/ wo Erdstaub ihre Nahrung, ihre Speise Lehmerde ist./ Bekleidet sind sie wie ein Vogel mit Flügelkleide,/ und Licht sehen sie nicht, in Finsternis wohnen sie." König Gilgamesch, den diese Jenseitsvision betrübt, macht sich auf die Suche nach der Unsterblichkeit. Nachdem er die Weite der Steppe durchquert hat, gelangt er schließlich zum Berg Masu, wo die Sonne auf- und untergeht und sich die Pforte „zum Weg der Sonne" befindet. Zwei riesige Skorpionmenschen bewachen den Weg und erzählen ihm, dass niemand jemals so weit gereist ist, erlauben ihm dann aber doch, „das Land der Finsternis" zu betreten.

Nach einem zwölfstündigen Aufstieg durch einen stockfinsteren Tunnel oder Korridor erblickt Gilgamesch am Ende einen funkelnden Garten voller Juwelen, wo jeder Baum Edelsteine trägt. In diesem Himmelreich betrachtet Gilgamesch ehrfürchtig Pflanzen aus Karneol, hoch aufragende Lapislazulibäume und Büsche aus Juwelen und Korallen. Der Autor Stephen Mitchell beschreibt Gilgameschs Reise als „einen symbolischen Tod und eine Wiedergeburt, weil er erst die Finsternis einer Unterwelt durchschreiten muss, ehe er den märchenhaften Garten der Götter erreicht, der an *Tausendundeine Nacht* erinnert." Später kommt er erneut an einen finsteren Ort, wo er mit einem Boot die „Wasser des Todes" überqueren muss.

Zu guter Letzt findet er eine Pflanze, deren Verzehr ewiges Leben ermöglicht. Eine Schlange raubt die Pflanze jedoch und verschlingt sie, sodass Gilgamesch sterblich bleibt. Man kommt nicht umhin, Parallelen zwischen diesem unseligen Vorfall und der Versuchung Adams und Evas in der hebräischen Bibel zu entdecken, in der eine Schlange Adam und Eva verführt, eine Frucht vom Baum der Erkenntnis zu essen, was ihre Vertreibung aus dem Paradies zur Folge hat.

Siehe auch *Das Ägyptische Totenbuch* (um 1550 v. Chr.), *Das Tibetische Totenbuch* (um 780), *Im Garten des Todes* (1896), Transhumanismus (1957)

Das „Burney-Relief" (um 1800 v. Chr.) ist eine mesopotamische Terrakotta-Darstellung einer Figur, die einer Göttin ähnelt und bei der es sich vermutlich um Ischtar handelt. In der epischen Dichtung tötet Gilgamesch den Himmelsstier, den Ischtar aussandte, um den Helden dafür zu bestrafen, dass er ihre Annäherungsversuche zurückweist.

TODESSTRAFE

HAMMURABI (1792–1750 V. CHR.), MOSCHE BEN MAIMON (MAIMONIDES) (1135–1204), CESARE BECCARIA (EIGENTL. BONESANA) (1738–1794)

„Einige der gegenwärtig grössten moralischen und juristischen Fragen betreffen die Todesstrafe", schreibt der Autor Alan Marzilli. „Sollte eine Regierung die Macht haben, einen verurteilten Straftäter zum Tode zu verurteilen?" Die Todesstrafe ist von den meisten Weltreligionen gutgeheißen worden, und Christen sowie Juden haben sie manchmal mit dem Bibelzitat aus 1.Mose 9,6 gerechtfertigt: „Wer Menschenblut vergießt, dessen Blut soll um des Menschen willen vergossen werden." Allerdings haben die Zivilisationen die Todesstrafe hingenommen für Verbrechen, die weit entfernt waren vom Verlust des Lebens, etwa Blasphemie, Ehebruch, Vergewaltigung, Verrat, Drogenhandel, Diebstahl von Trauben und Töten von Hühnern. Dem Koran zufolge ist ein Todesurteil angemessen bei Raub, Ehebruch und Apostasie (Abfall vom islamischen Glauben). Im Judentum kann gemäß der Torah die Todesstrafe für Mord, Entführung, Magie, Verletzung des Sabbats und verschiedene Sexualdelikte verhängt werden.

Durch die Geschichte hindurch gab es immer wieder Einzelne, die die Auffassung vertraten, dass die Todesstrafe grausam und wirkungslos sei. So verdammte der italienische Rechtsphilosoph Cesare Beccaria die Todesstrafe und die oft damit einhergehende Folter in seinem Werk *Von den Verbrechen und von den Strafen* (1764). Der jüdische Rechtsgelehrte Maimonides war der Überzeugung, dass es besser sei, „tausend schuldige Menschen freizusprechen, als einen Unschuldigen zum Tode zu verurteilen."

In jüngerer Zeit hielt man verschiedene Hinrichtungsmethoden für humaner als beispielsweise Hängen, dazu zählten die Guillotine, der elektrische Stuhl, die Gaskammer oder die letale Injektion. Es hat sich jedoch seit Beendigung des Zweiten Weltkriegs eine Tendenz zur Abschaffung der Todesstrafe in vielen Staaten entwickelt.

Der babylonische Kodex Hammurabi, der auf 1772 v. Chr. datiert wird, empfiehlt die Todesstrafe für zweiundzwanzig Vergehen (u.a. für Ehebruch), allerdings werden so schwerwiegende Straftaten wie Mord und Verrat überraschenderweise nicht aufgelistet. Die Hinrichtungsarten haben sich seit Hammurabi nicht nur verändert, sondern wurden auch noch brutaler wie Steinigen, Kreuzigen, Verbrennen bei lebendigem Leib und „Zerreißen der Gliedmaßen", das heißt, dass die Glieder vom Rumpf abgetrennt wurden, bisweilen durch Pferde, die Arme und Beine vom Körper wegzerrten. Im alten Rom wurde Elternmord bestraft, indem der Verurteilte in einem Sack zusammen mit einem Hund, einem Hahn, einer Giftschlange oder einem Affen ertränkt wurde.

Siehe auch Guillotine (1792.), Tissots Kreuzigungsvision (um 1890), Elektrischer Stuhl (1890), Völkermord (1944), Todesschwadronen (1980)

Dieses Wandgemälde in der Filialkirche St. Venantius in Pfärrenbach zeigt, wie der heilige Venantius von Camerino um 251 den Löwen zum Fraß vorgeworfen wird. Der christlichen Tradition zufolge war Venantius ein junger Märtyrer während der kurzen Regierungszeit des römischen Kaisers Traianus Decius.

GRABSTEINE

Grabsteine, die auch als Leichensteine oder Grabmale bezeichnet werden, sind so vielfältig, dass nur ein kleiner Teil ihrer Geschichte in diesem Eintrag abgedeckt werden kann. So werden bei Bestattungen im Islam, im Juden- und Christentum seit jeher solche Grabkennzeichnungen verwendet, die zur Identifizierung der Verstorbenen oft deren Namen und Geburts- sowie Sterbedaten enthalten.

Stelen und andere Steinplatten wurden schon während der mykenischen Periode (um 1600 – um 1100 v. Chr.) bisweilen als Grabsteine auf dem griechischen Festland benutzt. In späterer Zeit wurde die Richtung, in die die Grabsteine wiesen, ein wichtiges Anliegen. Die Grabsteine auf Friedhöfen aus der spanischen Kolonialzeit, aber auch teilweise in Europa und Nordamerika wurden beispielweise mit der Front nach Osten in Richtung der aufgehenden Sonne aufgestellt, sodass die Toten für die Auferstehung am Jüngsten Tag bereit waren. Grabstellen von Muslimen werden senkrecht zur Qibla (d. h., in Gebetsrichtung auf Mekka) angelegt, wobei der Verstorbene ohne Sarg auf der rechten Seite liegend mit dem Gesicht nach Mekka ausgerichtet im Grab platziert wird. Muslimische Grabmarkierungen sind oft recht einfach und klein im Verhältnis zu denen anderer Religionen.

Mitte des 17 Jahrhunderts wurde die Friedhofskunst im kolonialen Neuengland derart kunstvoll, dass sogar so gruselige Motive wie geflügelte Totenköpfe verwendet wurden. Einige Grabsteine hatten zudem oben kleine Öffnungen, die Pforten ins Jenseits darstellten.

Im Laufe der Jahrhunderte wurden Grabsteine verschiedentlich mit Inschriften verziert. So lautete Shakespeares Epitaph: „Gesegnet sei, wer schonet diese Steine, verflucht sei, wer beweget meine Gebeine." Heute sind Friedhöfe im Vergleich zu den letzten ein bis zwei Jahrhunderten wesentlich sachlicher geworden. Der Stanford-Professor Keith Eggener schreibt diesbezüglich: „Wenn man Grabmarkierungen auf Friedhöfen des neunzehnten Jahrhunderts betrachtet, sieht man weinende Engel, Trauerweiden oder kleine schlafende Kinder oben auf den Grabsteinen. Sie alle erwecken die Vorstellung, dass der Tod eine Art von Anwesenheit ist; er ist ein sanfter Schlaf. Gräber werden wie Betten oder Häuser arrangiert. Es ist das letzte Haus."

Siehe auch Feuerbestattung (um 20.000 v. Chr.), Särge (um 4000 v. Chr.), Epitaphe (um 480 v. Chr.), Sensenmann (1424), Trauerzug (um 1590), Totengräber (1651), Friedhöfe (1831)

Ein jüdischer Grabstein in Otwock, Polen, der eine Zedaka-Büchse zeigt (hebräisch für „Wohltätigkeit").

DAS ÄGYPTISCHE TOTENBUCH

„Wenn Sie jemals den Wunsch verspürt haben sollten, dass es so etwas wie einen Reiseführer in den Himmel gibt, und zwar unabhängig von Ihren Taten zu Lebzeiten, dann sind Sie nicht allein“, schreibt Laura Allsop. „Der Wunsch nach ewigem Leben war bei den alten Ägyptern so stark ausgeprägt, dass sie die Dinge noch einen Schritt weiter vorantrieben in Form einer Sammlung von Zaubersprüchen, die als Totenbuch bekannt sind, um auf schnellstem Weg durch die Unterwelt ins Paradies zu gelangen.“

Das Ägyptische Totenbuch ist ein uralter Text, den die Ägypter von ungefähr 1550 v. Chr. (möglicherweise auch früher) bis 50 v. Chr. benutzten. Interessanterweise existiert nicht *das* Totenbuch schlechthin, da die verschiedenen Papyri unterschiedliche Sammlungen von magischen und religiösen Materialien enthielten. Die Totenbücher der Ägypter wurden für gewöhnlich mit Hieroglyphen oder in hieratischer Schrift geschrieben und mit Abbildungen einer Reise ins Jenseits versehen. Eine der berühmtesten Illustrationen zeigt, wie das Herz eines Verstorbenen auf der Waage von Maat abgewogen wird, der Göttin der Wahrheit und Gerechtigkeit. Wenn das Herz das Gewicht einer Feder besitzt, kann der Verstorbene ins Jenseits eintreten, ist das aber nicht der Fall, wird er von Ammit verschlungen, einem weiblichen Dämon mit Krokodilkopf, Löwenkörper und Hinterteil eines Nilpferds.

Das Ägyptische Totenbuch wurde normalerweise in den Sarg oder Aufbahrungsraum des Toten gelegt. Heute sind rund 190 Zaubersprüche bekannt, die in dem Totenbuch aufgeführt werden. Einer dieser Sprüche sorgte dafür, dass die Verstorbenen nicht ihre Namen vergaßen. Andere schützten vor gefährlichen Kreaturen auf dem Weg ins Jenseits. Ursprünglich waren die Zaubersprüche im Buch ausschließlich den Pharaonen vorbehalten, aber im Laufe der Zeit wurden sie auch in den unteren Schichten üblich.

Der Ägyptologin Miriam Lichtheim zufolge gab es „kein anderes Volk in der alten Welt, das so entschlossen Anstrengungen unternahm, um den Tod zu überwinden und ewiges Leben zu erhalten. .... Ewiges Leben wurde nun auf die denkbar großartigste Weise konzipiert, indem die Toten nämlich gottähnlich wurden und sich den Göttern zugesellten.“

Siehe auch Mumien (um 5050 v. Chr.), *Das Gilgamesch-Epos* (um 2000 v. Chr.), *Das Tibetische Totenbuch* (um 780)

Das altägyptische Ritual der Mundöffnung, das im Papyrus Hunefer (um 1300 v. Chr.) beschrieben wird, wird so durchgeführt, dass der Verstorbene im Jenseits essen und trinken kann. Diese Abbildung aus dem Papyrus Hunefer zeigt den schakalköpfigen Anubis, der die Mumie des Schreibers Hunefer stützt, während drei Priester das Ritual verrichten.

YAMA

Wenngleich es zahlreiche Todesgötter in Ostasien gibt, so ist einer der bedeutendsten von ihnen Yama, der bereits in den Veden erwähnt wird, den ältesten verschrifteten religiösen Texten des Hinduismus, die in Indien entstanden sind. Die Legende von Yama beeinflusste den Buddhismus und verbreitete sich schließlich weit über ganz Asien, wo sie in der buddhistischen, chinesischen, koreanischen, tibetischen und japanischen Mythologie verschieden ausgeformt wurde.

Einigen Ansichten in der vedischen Tradition zufolge war Yama der erste Mensch, der sterben musste. So ist Yama in der Rigveda, einer Sammlung sanskritischer Hymnen, die um 1100 v. Chr. aufgezeichnet wurden, auch der erste Sterbliche, der in das jenseitige Reich gelangt. Er wird von Chitragupta unterstützt, einem hinduistischen Gott, der Buch führt über das irdische Verhalten der Menschen und folglich mitbestimmt, ob sie als höhere oder niedere Wesen wiedergeboren werden. Im Hinduismus hat Yama zwei vieräugige Hunde, die ihm als Wächter dienen. Dieser furchterregende Gott, der oft mit blauer Haut dargestellt wird, reitet auf einem Wasserbüffel und benutzt eine Schlinge oder ein Seil, um die Seelen aus den Leichnamen herauszuziehen. Yama ist Herr von Naraka, einer vorübergehenden Hölle oder eines zeitlich begrenzten Fegefeuers, in denen die Seelen gereinigt und von wo aus sie in andere Reiche weitergeleitet werden können, etwa für einige Zeit in den Himmel (*Swarga*), auf die Erde oder in eine der verschiedenen Höllen. Im *Abhidharmakosa*, einem wichtigen Text, der an Schulen des Mahayana-Buddhismus eingesetzt wird, wohnt Yama im Reich der hungrigen Geister (*Preta Loka*), das sich unterhalb der irdischen menschlichen Welt befindet.

Viele Kulturen und Religionen umfassten eine Reihe von Totengöttern oder Herren des Todes. So hatten die alten Ägypter Osiris, den Gott des Jenseits und der Unterwelt. Die Griechen hatten **Hades** und **Thanatos**. Die Mesopotamier hatten Ereschkigal, die Göttin des Totenreichs. Die Azteken hatten Mictlantecuhtli. Barastir war der Herrscher der Unterwelt in der Mythologie der im Kaukasus ansässigen Osseten, Mot war der Todesgott der Kanaaniter. In der nordischen Mythologie ist Hel die Göttin, die über das Reich der Toten herrscht.

Siehe auch Hades (um 850 v. Chr.), Thanatos (um 700 v. Chr.), Hölle (um 400 v. Chr.), Xibalba (um 100 v. Chr.), Sensenmann (1424), Schwabes *Der Tod des Totengräbers* (1895)

Yamantaka, der Bezwinger des Todesgottes, tibetisches Gemälde auf Stoff aus dem frühen achtzehnten Jahrhundert. Wenn man das Bild näher betrachtet, erkennt man, dass Yamantaka von drei Darstellungen Yamas oben und von zwei unten umgeben ist, die in verschiedenen Farben ausgeführt sind.

DIE HEXE VON ENDOR

SAUL (UM 1079–UM 1007 V. CHR.)

Der Autor Christian Day schreibt, dass „viele der bedeutenden Hexen, die in der Geschichte, der Folklore, den Legenden und der Literatur vorkommen, mit den Toten kommunizierten. Diese beängstigenden Gestalten, die sowohl Achtung als auch Furcht einflößen, sind weltweit Teil der kulturellen Überlieferungen geworden.... Möglicherweise ist keine Totenbeschwörerin berühmter als die Hexe von Endor, die ihre Künste trotz der Ächtung ihrer Praktiken durch die Obrigkeit ihrer Zeit ausübte."

Saul, der erste König von Israel und Juda, hatte dem 1. Buch Samuel der hebräischen Bibel nach die **Totenbeschwörung** und Wahrsagerei untersagt. Wegen seiner Beunruhigung über den Ausgang einer bevorstehenden Schlacht gegen die Philister und trotz des Verbots bittet Saul die Hexe von Endor, den Geist des Propheten Samuel heraufzubeschwören, der tatsächlich erscheint und Saul fragt: „Warum hast du meine Ruhe gestört, dass du mich heraufsteigen lässt?" (1.Samuel 18,15). Der verstorbene Prophet fährt fort und sagt zu Saul: „Morgen wirst du mit deinen Söhnen bei mir sein." Anschließend bereitet die mitfühlende Hexe Saul ein Mahl und nur wenig später begeht er Selbstmord, nachdem sein Heer geschlagen worden war.

Über die Jahrhunderte hinweg folgte eine Reihe von kontroversen Auseinandersetzungen über diese Darstellung. So waren einige Gelehrte der Auffassung, dass Samuels Geist ein Dämon gewesen sein könnte, der seine Gestalt angenommen hätte, oder aber eine von der Hexe geschaffene Illusion. Interessanterweise benutzt Samuel das Verb „heraufsteigen", das einen unterirdischen Aufenthaltsort der frühen Israeliten im Jenseits (Scheol) nahelegt. Auch Samuels Warnung, dass Saul und seine Söhne „bei mir sein werden", impliziert, dass alle Toten, die Gerechten wie die Sünder, in dieser Unterwelt wohnen, die in der Bibel oft als **„Hades"** übersetzt wird, das Reich der Toten im antiken Griechenland.

T. J. Way, Dozent für Religionswissenschaft, führt aus, dass „die Geschichte der Hexe von Endor und ihre dramatische Begegnung mit König Saul eine nur wenig bekannte biblische Erzählung über Furcht, Hoffnungslosigkeit und Verzweiflung ist, zugleich aber auch eine über Nachsicht, Mitgefühl und großen Mut. Viele zeitgenössische Leser sind überrascht, innerhalb der Bibel die Geschichte über eine Hexe zu finden."

Siehe auch Hades (um 850 v. Chr.), Totenbeschwörung (um 850 v. Chr.), Suizid (um 300 v. Chr.), Gespenster (um 100 n. Chr.), Séance (1848)

Die Hexe von Endor beschwört den Schatten Samuels herauf (1857), Gemälde des russischen Künstlers Dmitri Martynov (1826–1889).

BEINHÄUSER

um 1000 v. Chr.

”Wir Knochen, die wir hier liegen, warten auf die Euren.“ Diese Botschaft, die zur Besinnung aufruft und zugleich Warnung ist, hängt über dem Eingang der Capela dos Ossos (Knochenkapelle) im portugiesischen Evora, wo die Wände mit den Schädeln und Gebeinen von rund 5.000 Menschen skurril ausgekleidet sind. An der Pforte zur Krypta der Kapuzinerkirche in Rom findet sich eine ähnliche Gedenktafel, auf der zu lesen ist: „Was ihr seid, sind wir gewesen; was wir sind, werdet ihr sein.“ Dieses Beinhaus (auch: Ossuarium) enthält die Gebeine von mehr als 4.000 Mönchen, mit denen die Wände kunstvoll gestaltet wurden. Die beiden eindrucksvollen Ossuarien erinnern an die Vergänglichkeit des menschlichen Lebens und sind Stätten, die künstlerisch und symbolisch an die Unumgänglichkeit von Tod und Verfall gemahnen.

Der Begriff *Beinhaus* wird oft für Kästen oder Räume benutzt, die die Gebeine von Menschen beherbergen. Leichname werden für gewöhnlich zunächst an anderen Orten bestattet, wo sie über mehrere Jahre verwesen können, ehe die Knochen in ein Beinhaus umgebettet werden. Manchmal wurden Ossuarien allein deshalb errichtet, um die Überbelegung von Friedhöfen zu vermeiden und Platz für weitere Bestattungen zu schaffen. Viele der kunstvollsten und berühmtesten Beinhäuser liegen in Europa wie das Sedletz-Ossuarium in Tschechien, wo mehr als 50.000 menschliche Skelette aufbewahrt werden, von denen einige Knochen zu dekorativen Zwecken verwendet wurden, etwa für einen gewaltigen Lüster, der angeblich aus sämtlichen Knochenarten des menschlichen Körpers gefertigt wurde. Das Beinhaus von Douaumont in Frankreich ist die letzte Ruhestätte für die Überreste von mehr als 130.000 deutschen und französischen Soldaten, die im Ersten Weltkrieg fielen.

Während der Zeit des Zweiten Tempels in Jerusalem (516 v. Chr. – 70 n. Chr.) gehörte zum jüdischen Begräbnisritual die Erstbestattung in Höhlen, auf die später eine Zweitbestattung in Knochenkästen (Ossuaren) aus Stein folgte, die in Nischen der Höhlen platziert wurden. In Persien legten die Zoroastrier Leichname auf ein turmartiges Bauwerk (Dachma), wo sie der Luft und dem Verzehr von Greifvögeln ausgesetzt waren. Die freigelegten Knochen wurden dann in steinernen Kästen, sogenannten Astodanen, gesammelt. Die frühesten Zeugnisse dieser zoroastrischen Bestattungssitte reichen zurück bis um 1000 v. Chr.

Siehe auch Feuerbestattung (um 20.000 v. Chr.), Hügelgräber (um 4000 v. Chr.), Särge (um 4000 v. Chr.), Himmelsbestattung (1328), Dunkler Tourismus (1996)

Das Sedletz-Ossuarium in Tschechien enthält Schätzungen zufolge 40.000 bis 70.000 menschliche Skelette. 1870 schuf der Holzschnitzer František Rint die verschiedenen Knochen-Arrangements, zu denen vier Lüster und ein Wappen gehörten, und erzeugte so ein makabres Szenarium.

HADES

HERODOT (UM 484–425 V. CHR.), ARISTOPHANES (UM 446–386 V. CHR.)

um 850 v. Chr.

Den Grossteil unserer Kenntnisse über den Hades, das finstere unterirdische Reich der Toten in der griechischen Mythologie, verdanken wir der griechischen Literatur, etwa Homers *Ilias* und *Odyssee* (dem griechischen Historiker Herodot gemäß entstanden die Epen um 850 v. Chr.) und der Komödie *Die Frösche* von Aristophanes (405 v. Chr.). Werke dieser Art reflektierten nicht nur die vorherrschenden Vorstellungen über den Hades, sondern waren sogar vermutlich für deren Ausformungen prägend. Der Jenseitsglaube war in antiken griechischen Gesellschaften wahrscheinlich keineswegs einheitlich ausgebildet, zumal es keine maßgebliche religiöse Autorität gab.

Die Griechen nahmen an, dass die Verstorbenen den Hades betraten, indem sie die beiden Flüsse Styx und Acheron mithilfe des Fährmanns Charon in dessen Boot überquerten. Charon verlangte dafür eine Münze als Bezahlung, die die Verwandten einem Toten für gewöhnlich unter die Zunge legten. Die andere Seite des Flusses bewachte **Zerberus**, der dreiköpfige Wachhund der Unterwelt. Sowohl die guten als auch die bösen Menschen stiegen zum Hades hinab, und sobald sie in die Unterwelt eingetreten waren, schienen sie in einer Zeitschleife zu sein, in der sie im gleichen Alter und Zustand verharrten, die sie bei Eintritt in die Unterwelt besaßen. In Homers *Odyssee* fasst Achilles die ganze trostlose Existenz im Hades zusammen, als er sagt: „Lieber möchte ich fürwahr dem unbegüterten Meier, der nur kümmerlich lebt, als Tagelöhner das Feld baun, als die ganze Schar vermoderter Toten zu beherrschen."

Das Wort *Hades*, das an verschiedenen Stellen im Neuen Testament vorkommt, bezieht sich dort auf einen Aufenthaltsort der Toten, der nur einmal als Stätte von Qualen geschildert wird (siehe dazu **Die Hexe von Endor**). In den tiefsten Tiefen des Hades haben die Griechen den Abgrund des Tartarus angesiedelt, wo diejenigen hineingeworfen wurden, die gegen die Götter gefrevelt hatten (siehe dazu **Hölle**).

Hades war auch der Name des Gottes der Unterwelt. Den Überlieferungen nach haben nur wenige Einzelne es geschafft, dem Hades oder seiner Umgebung zu entrinnen, dazu gehören Herkules (der Zerberus in die Oberwelt brachte), Persephone (die Gattin von Hades, die einmal im Jahr den Hades verließ und wiederkehrte und so Sommer und Winter schuf), Orpheus (der Hades mit seinem Gesang verzauberte) und König Sisyphus (der behauptete, er müsse wegen seines Begräbnisses in die Menschenwelt zurückkehren).

Siehe auch Yama (um 1100 v. Chr.), Die Hexe von Endor (um 1007 v. Chr.), Elysische Gefilde (um 850 v. Chr.), Thanatos (um 700 v. Chr.), Zerberus (um 560 v. Chr.), Hölle (um 400 v. Chr.), Xibalba (um 100 v. Chr.), Undines Fluch (1962)

Dieses Fresko des italienischen Malers Luca Giordano (1632–1705) zeigt Charon, den Fährmann des Hades, der die Seelen der Verstorbenen über die Flüsse der Unterwelt befördert. **Zerberus**, der dreiköpfige Wachhund des Hades, ist ebenfalls abgebildet.

ELYSISCHE GEFILDE

PINDAR (UM 522–443 V. CHR.), PUBLIUS VERGILIUS MARO (70–19 V. CHR.), LUCIUS MESTRIUS PLUTARCHUS (UM 46–120 N. CHR.)

Die Geografie des antiken griechischen Jenseits schien sich im Laufe der Zeit und von Dichter zu Dichter zu verändern, aber einigen Schilderungen nach waren die Elysischen Gefilde oder das Elysium ein angenehmer Bereich des **Hades**, in dem sich die von den Göttern und/oder Gerechten Auserwählten nach ihrem Tod aufhalten würden. Dem griechischen Dichter Homer zufolge war das Elysium ein Ort der Freude am Ende des Erdkreises an den Ufern des Oceanus (Okeanos), den man für einen riesigen Strom hielt, der die Erde umfloss. In Homers *Odyssee* (um 850 v. Chr.), ist das Elysium eine „Flur, wo der bäuerliche Radamanthus/ Wohnt, und ruhiges Leben die Menschen immer beseligt:/ Dort ist kein Schnee, kein Winterorkan, kein gießender Regen;/ Ewig wehn die Gesäusel des leiseatmenden Westens,/ Welche der Ocean sendet, die Menschen sanft zu kühlen."

Der griechiche Dichter Hesiod (um 700 v. Chr.) erzählt in seinem Lehrgedicht *Werke und Tage* von „Inseln der Seligen", die bewohnt werden von „glücklichen Helden; die süße Frucht bringt ihnen der fruchtbare Boden dreimal im Jahr in überschwenglicher Fülle." Pindar, ein griechischer Lyriker, der um 500 v. Chr. lebte, beschreibt in seiner *Zweiten Olympischen Ode* ein Gebiet, wo „empfangen/ müheloseres Leben die Guten, nicht die Erde/ aufwühlend im Zugriff des Arms/ und nicht das Meerwasser/ zu leerem Lebensunterhalt." Pindar berichtet weiter, dass „dort umatmen/ die Insel der Seligen ozeanische/ Lüfte, Blüten flammen von Gold,/ die einen am Land von schimmernden Bäumen herab,/ das Wasser nährt andere." Der römische Dichter Vergil schildert das Elysium in der *Aeneis* als schattige Haine, lichtdurchflutete Weiden sowie grünende Täler, in denen die „glücklichen Seelen ... wohnen auf rasigen Polstern am Bachufersaum auf frischen quelldurchrieselten Auen."

Der griechische Historiker Plutarch schrieb um 100 n. Chr. im *Leben des Sertorius* über die Elysischen Gefilde, dass sie „ zehntausend Stadien von Afrika entfernt sind". Die „vielen sanften taubringenden Winde machen den Boden nicht nur fett ... sondern erzeugen auch im Überschusse süße Früchte, die von selbst wachsen und die die Einwohner in Ruhe ohne Arbeit und Mühsal genießen ... Daher sich auch die Meinung bis zu den Barbaren hin ausgebreitet hat, dass auf diesen Inseln die elysischen Felder wären und die Wohnung der Seligen, die Homer besungen hat."

Siehe auch Himmel (um 2400 v. Chr.), Hades (um 850 v. Chr.), Bifröst (um 1220), Sommerland (1845)

Elysische Felder (1903), Gemälde des deutschen symbolistischen Malers Carlos Schwabe (1866–1926).

TOTENBESCHWÖRUNG

PUBLIUS VERGILIUS MARO (70–19 V. CHR.), JOHN DEE (1527–UM 1609), JOHN NAPIER (1550–1617), SYLVIA BROWNE (1936–2013), THERESA CAPUTO (GEB. 1966), JOHN EDWARD (GEB. 1969)

um 850 v. Chr.

Wenn es eine Möglichkeit gäbe, den Moment Ihres Todes vorherzusagen, würden Sie ihn wissen wollen? Die Praktiken, um die Zukunft vorauszusagen oder geheimes Wissen zu erlangen, nennt man Wahrsagen. Alte und auch moderne Zivilisationen haben zur Erforschung der Wahrsagerei eine unglaubliche Auswahl an Methoden eingesetzt, die von Träumen über Drogen und Mustern in den Sternen bis hin zu Botschaften aus dem Magic 8 Ball reichen (ein Spielzeugartikel mit allerdings nur beschränktem Potenzial zum Wahrsagen).

Die Totenbeschwörung oder Nekromantie macht sich die Geister der Toten (manchmal zusammen mit ihren Leichnamen) zunutze, um die Zukunft zu offenbaren und Fragen zu beantworten. Dieses Ritual wurde unter anderem mit den alten Babyloniern, Persern, Griechen, Römern und nordischen Sagen in Zusammenhang gebracht. So werden in der Lieder-Edda Geschichten erzählt, in denen Odin die Macht hatte, Tote wiederzuerwecken, und Wissenschaftler haben das heidnische Julfest mit der Wilden Jagd verknüpft, in der dem Volksglauben nach die aus ihren Gräbern auferstandenen Toten in einem Geisterzug unter Führung Odins über den Himmel zogen. Im Mittelalter hatten Nekromanten, zu denen auch so bekannte Mathematiker wie John Dee und John Napier zählten, eine Blütezeit, allerdings wurden sie von der katholischen Kirche als „Mittler böser Geister“ geächtet. In England wurde Nekromantie 1604 im Witchcraft Act gesetzlich verboten.

Frühe Beispiele für Darstellungen von Totenbeschwörungen in der Literatur finden sich in Homers *Odyssee* (um 850 v. Chr.) und in Vergils *Aeneis* (um 20 v. Chr.), in denen Odysseus beziehungsweise Aeneas das große Risiko auf sich nehmen, in die Unterwelt zu reisen, um dort von den Geistern der Menschen Rat zu holen, die sie kannten. In der hebräischen Bibel bedient sich König Saul der Fähigkeiten der **Hexe von Endor**, um den Schatten des Propheten Samuel heraufzubeschwören, den er wegen einer bevorstehenden Schlacht befragen möchte. In der Handschrift Clm 849 des Münchener Staatsarchivs mit dem Titel *Liber incantationum, exorcsimorum et fascinationum variarum* aus dem 15. Jahrhundert wird beschrieben, wie die Nekromanten damals bisweilen um sich herum magische Schutzkreise auf Friedhöfen zogen, Bibelverse benutzten und Tieropfer als Teil ihrer Rituale durchführten. Heute werden Vorstellungen, die an Nekromantie grenzen, von selbsternannten Medien wie John Edward, Sylvia Browne und Theresa Caputo oft im Fernsehen übertragen.

Siehe auch Die Hexe von Endor (um 1007 v. Chr.), Zerberus (um 560 v. Chr.), Sündenesser (1825), Séance (1848), *Die Grasharfe* (1951), Tonbandstimmen (1956)

Der Geist der Barbara Radziwiłł, Gemälde des polnischen Malers Wojciech Gerson (1831–1901). Der Legende nach bat König Sigismund II. August von Polen einen berühmten Magier, den Geist seiner geliebten Frau Barbara nach ihrem zu frühen Tod heraufzubeschwören.

THANATOS

SIGMUND FREUD (1856–1939)

um 700 v. Chr.

Der geflügelte Thanatos ist eine der antiken griechischen Personifikationen des Todes und der Gott, der die Toten und Sterbenden in die Unterwelt geleitet. Im Epos *Theogonie* (um 700 v. Chr.) des griechischen Dichters Hesiod erfahren wir, dass Thanatos der Sohn von Nyx ist, der griechischen Göttin der Nacht, und von Erebos, dem Gott der Finsternis. Thanatos hatte einen Zwillingsbruder namens Hypnos, der den Schlaf verkörperte. Hesiod schreibt über die beiden Brüder: „Auch die Söhne der Nacht, der düsteren, haben ihr Haus dort [Unterwelt],/ Beide, der Schlaf und der Tod, die furchtbaren! Nimmer auf jene/ Schauet Helios her mit leuchtenden Sonnenstrahlen ... Jener [Schlaf] geht auf der Erd' und dem weiten Rücken des Meeres/ Ruhig immer umher und freundlich den Menschenkindern./ Diesem [Tod] starrt von Eisen der Sinn, und das eherne Herz ist/ Mitleidslos in der Brust; und welchen er hascht von den Menschen,/ Hält er fest; ein Entsetzen sogar unsterblichen Göttern."

In Homers *Ilias* wird die berühmte Szene geschildert, wie Thanatos und sein Bruder Hypnos den Leichnam des Königs Sarpedon wegtragen, der in einer Schlacht den Heldentod starb. Hier wird Thanatos mit einem wesentlich sanftmütigeren Wesen charakterisiert. Auch im alten Rom wird Thanathos als ein eher milder Gott dargestellt und manchmal auf römischen Sarkophagen als geflügelter Knabe mit gesenkter Fackel abgebildet, die das Erlöschen des Lebens symbolisiert.

Eine Reihe von Begriffen wurde von Thanatos abgeleitet. Während und nach der Zeit Sigmund Freuds wurde *Thanatos* benutzt, um den Todestrieb zu beschreiben, der Menschen scheinbar manchmal dazu zwingt, selbstverletzende Verhaltensweisen anzunehmen. *Thanataphobie* ist eine übertriebene Angst vor Friedhöfen, Leichen und damit verbundenen Gegenständen. *Thanatologie* ist die Wissenschaft vom Tod, Sterben und der Bestattung. *Thanatose* oder Schreckstarre kommt in der Tierwelt als adaptives Verhalten zu Überlebenszwecken vor. So stellen sich verschiedene Insekten tot, um Angreifer zu entmutigen, die von Bewegungen und Zuckungen angezogen werden. Wenn das Nordopossum oder die Westliche Hakennasennatter sich bedroht fühlen, fallen sie in einen Zustand absoluter Starre, wobei die Natter zudem eine faulig riechende Flüssigkeit absondert.

Siehe auch Yama (um 1100 v. Chr.) Hades (um 850 v. Chr.), Xibalba (um 100 v. Chr.), Dunkler Tourismus (1996)

Thanatos, Relief von Johann Gottfried Schadow (1764–1850) als Seitentafel am Grabmal des Grafen Alexander von der Mark.

REINKARNATION

IAN PRETYMAN STEVENSON (1918–2007)

um 600 v. Chr.

Tag und Nacht. Ebbe und Flut. Die regelmäßigen Umlaufbahnen unserer Planeten. Wenngleich unser Bewusstsein vermutlich mit dem biologischen Tod endet, so ist es doch durchaus nachvollziehbar, dass einige unserer Urahnen entschieden, dass unser Leben zyklisch in einem Prozess der Reinkarnation verlaufen könnte, in dem menschliche Geister oder Seelen neue Leben in neuen Körpern beginnen.

Die meisten Ausprägungen des Christentums, Judentums und Islams neigen zu einer geradlinigen Sichtweise des einzelnen Lebens, wohingegen Zyklen der Wiedergeburt in den Hauptreligionen des Ostens weitverbreitet sind wie im Hinduismus, Buddhismus, Jainismus oder Sikhismus. Wir wissen, dass einige frühe Formen des Glaubens an eine Reinkarnation (auch als *Metempsychose* und *Transmigration* bezeichnet) bis in die Eisenzeit (um 600 v. Chr. und sogar früher) zurückreichen und sich in Gebieten Indiens und Griechenlands ausbildeten. Der sich wiederholende Kreislauf von Tod und Wiedergeburt wird im Hinduismus *Samsara* genannt und das Endziel ist es, diesem Vorgang zu entrinnen und Erlösung (*Moksha*) zu finden. Auf ganz ähnliche Art versuchen Buddhisten, sich von allen Begierden zu befreien und *Samsara* zu entkommen, um das Nirwana zu erreichen. In der Welt des antiken Griechenlands um das sechste oder siebte Jahrhundert v. Chr. herum glaubten Anhänger der orphischen Religion ebenfalls an eine Reinkarnation und die Pythagoreer (die sich im fünften Jahrhundert v. Chr. bildeten) waren Vegetarier, weil sie der Ansicht waren, dass Seelen in Menschen und Tieren wiedergeboren werden könnten. Die Wiedergeburt war auch Teil des keltisch-druidischen Glaubens und der nordischen Mythologie und ist heute darüber hinaus in verschiedenen afrikanischen und indianischen spirituellen Traditionen gegenwärtig.

Ian Stevenson, ein Psychiater moderner Prägung, untersuchte die Wahrscheinlichkeit der Wiedergeburt mithilfe von Interviews, die er mit mehr als 2.500 Kindern durchführte, die unter ungewöhnlichen Phobien litten oder scheinbare Erinnerungen an vorherige Leben hatten. Wissenschaftler debattieren allerdings bis heute, in welchem Ausmaß Zufälle oder experimentelle Mängel die Ergebnisse solch faszinierender, aber auch anspruchsvoller Studien beeinflussen können.

Siehe auch Himmel (um 2400 v. Chr.), Hölle (um 400 v. Chr.), *Das Tibetische Totenbuch* (um 780), *Jakobs Traum* (um 1805), Nahtoderfahrungen (1975), Quantenauferstehung (>100 Billionen)

Das große „Rad des Lebens", das zwischen 1177 und 1249 in den chinesischen Berg Baoding gehauen wurde, ist rund 7,6 m hoch. Der Dämon Mara, der die Versuchung und den Tod verkörpert, hält das Rad mit seinen Zähnen fest.

CERBERVS
EBJ 18

ZERBERUS

PUBLIUS VERGILIUS MARO (70–19 V. CHR.), PUBLIUS OVIDIUS NASO (43 V. CHR.–17 N. CHR.)

um 560 v. Chr.

„Schwarz gähnt ein Geklüft mit finsterem Schlunde / Und abschüssigem Pfad, auf dem der tirynthische Halbgott [Herkules],/ ob er sich sträubt zu meiden den Tag und die blendenden Strahlen,/ hielt die Augen verdreht, an stählerner Kette gezwungen/ Kerberos mit sich zog, der tobend in wütendem Zorne/ Ringsum füllte die Luft mit Gebell aus dreifacher Kehle,/ Während das grüne Gefild er bespritzte mit weißlichem Geifer." Diese furchterregende Beschreibung des dreiköpfigen Wachhunds der Unterwelt findet sich in den *Metamorphosen* (8 n. Chr.) des Dichters Ovid. Wenn der Speichel des Untiers den Boden berührte, verwandelte sich die Flüssigkeit in eine todbringende Giftpflanze.

Zerberus hauste an den Ufern des Styx, dem Fluss der Unterwelt, und kommt sowohl in der griechischen als auch römischen Mythologie vor. Dieses grauenvolle Wesen, dessen Aufgabe es ist, darauf zu achten, dass niemand dem **Hades** entkommt, wurde von den beiden Ungeheuern Typhon und Echidna gezeugt, wobei letztere halb Frau und halb Schlange war. Verschiedenen Quellen zufolge sollen die drei Köpfe von Zerberus für Vergangenheit, Gegenwart und Zukunft oder Geburt, Jugend und Alter stehen. Obwohl es unglaublich gefährlich war, gelang es dem Helden Herkules, den Höllenhund zu bezwingen und Zerberus in die Oberwelt zu bringen. In der *Aeneis*, dem in Latein um 20 v. Chr. verfassten epischen Gedicht Vergils, wird Zerberus in den Schlaf versetzt, nachdem er Honigkuchen gegessen hatte, der ein Betäubungsmittel enthielt. Der sagenumwobene Musiker Orpheus konnte die Bestie durch seinen Gesang in den Schlaf wiegen, als er versuchte, seine verstorbene Gemahlin Eurydike aus der Unterwelt zu befreien. Da Orpheus allerdings sein Versprechen vergisst, nicht vor dem Verlassen des Hades auf Eurydike zurückzuschauen, stirbt sie ein zweites Mal und entschwindet für immer.

Zerberus wird in der Kunst oft mit einem Schlangenschwanz abgebildet, allerdings wird er auf einer lakonischen Vase um 560 v. Chr. fantasievoll mit einer Vielzahl von Schlangen dargestellt, die seinen Körper und seinen Kopf bedecken.

Siehe auch Hades (um 850 v. Chr.)

Die Geschichte von Orpheus: Cerberus, Gemälde des britischen Künstlers Edward Burne-Jones (1833–1889).

"THAT'S ALL FOLKS"
MEL BLANC
MAN OF 1000 VOICES
BELOVED HUSBAND AND FATHER
1908 — 1989

EPITAPHE

SIMONIDES VON KEOS (UM 556–468 V. CHR.), LUDOLPH VAN CEULEN (1540–1610), WILLIAM SHAKESPEARE (1564–1616), KARL MARX (1818–1883), DAVID HILBERT (1862–1943), WINSTON LEONARD SPENCER-CHURCHILL (1874–1965), MELVIN JEROME „MEL“ BLANC (1908–1989), PAUL ERDÖS (1913–1996), FRANCIS ALBERT SINATRA (1915–1998)

„Epitaphe, Verzierungen und Inschriften auf Grabdenkmälern dokumentieren die Vergänglichkeit des menschlichen Lebens und zugleich seine Kontinuität“, schreibt der Autor Geoffrey Wright. „Sie erzählen uns, wie vorherige Generationen lebten und was sie glaubten; sie sind Spiegel der jeweiligen zeitgenössischen Gesellschaft.“

Epitaphe sind kurze Texte, die die Verstorbenen ehren und für gewöhnlich auf ihren Grabsteinen oder Gedenktafeln platziert werden. Der Brauch, die Toten zu identifizieren, kam im alten Ägypten auf. Eines der berühmtesten Epitaphe der griechischen Antike, das der griechische Dichter Simonides von Keos verfasste, erinnert an den Ort, wo die gefallenen Spartaner nach der Schlacht bei den Thermopylen (um 480 v. Chr.) bestattet wurden: „Wanderer, kommst du nach Sparta, verkündige dorten, du habest uns hier liegen gesehn, wie das Gesetz befahl.“ (Friedrich Schiller)

Die meisten Epitaphe enthalten nicht viel mehr als den Namen des Verstorbenen und seine Geburts- und Todesdaten. Viele berühmte Inschriften sind allerdings wesentlich ausführlicher. Wie schon im Eintrag zu **Grabsteinen** erwähnt, lautet William Shakespeares Epitaph wie folgt: „Gesegnet sei, wer schonet diese Steine, verflucht sei, wer beweget meine Gebeine.“ Winston Churchills Inschrift: „Ich bin bereit, meinem Schöpfer gegenüberzutreten. Ob mein Schöpfer ebenso bereit ist, diese Begegnung über sich ergehen zu lassen, ist eine andere Sache.“ Karl Marx: „Die Philosophen haben die Welt nur verschieden interpretiert; es kömmt drauf an, sie zu verändern.“ Der Komiker Mel Blanc: „Das war's, Leute“. Frank Sinatra: „Das Beste kommt noch“. Was drei berühmte Mathematiker anbelangt, so stand auf David Hilberts Grabstein: „Wir müssen wissen, wir werden wissen.“ Paul Erdös: „Ich habe endgültig aufgehört, dümmer zu werden.“ Ludolph van Ceulen: „3,14159265358979 323846264338327950288.“

„Der Tod belauert uns von dem Augenblick an, in dem wir geboren werden“, meint die Autorin Kathleen Miller, „und wir wissen alle, dass wir eines Tages, irgendwie mit unserer Sterblichkeit konfrontiert werden. Warum sollten wir in dieser letzten Auseinandersetzung nicht auch das letzte Wort haben? Deshalb gibt es das Epitaph.“

Siehe auch Grabsteine (um 1600 v. Chr.), Nachrufe (1731), Totenschein (1770), Totenmaske (um 1888), Letzte Worte Sterbender (1922)

Grabstein des Komikers und Synchronsprechers Mel Blanc auf dem Hollywood Forever Cemetry in Südkalifornien. „That's all folks“ (Das war's, Leute) war eine Wendung, die die von Blanc gesprochene Zeichentrickfigur Porky Pig (Schweinchen Dick) benutzte.

HÖLLE

DANTE ALIGHIERI (UM 1265–1321), CHALES GRANDISON FINNEY (1792–1875)

um 400 v. Chr.

Im dritten Gesang seines epischen Gedichts *Die Göttliche Komödie* gelangt der italienische Dichter Dante Alighieri an die Höllenpforte und liest die Inschrift: „Lasset, die ihr eintretet, alle Hoffnung fahren." 1831 beschrieb der amerikanische Erweckungsprediger Charles Grandison Finney in einer Predigt mit lauter und eindringlicher Stimme folgendermaßen die Hölle: „Seht hin! Seht genau hin! Schaut auf diese Millionen Bösewichter, wie sie sich auf ihre Zungen beißen, während sie ihre Köpfe aus dem siedend heißen See emporheben!"

Als sich das Konzept der Hölle entwickelte, war sie im Gegensatz zu diesen furchterregenden Bildern nicht der Ort ewiger Qualen und Strafen für die Bösen, sondern lediglich eine „Unterwelt" für die wandernden Seelen der Toten. „Diese Art einer neutralen Unterwelt", konstatieren die Autoren Chuck Crisafulli und Kyra Thompson, „prägte Jahrhunderte hindurch Kulturen von Mesopotamien über China im Altertum bis hin zu den Azteken." Die frühen Israeliten und die alten Griechen glaubten an den unter der Erde angesiedelten Scheol beziehungsweise **Hades**, in denen sowohl die Götter als auch die Seelen wohnten, aber diese Unterwelten waren keine Stätten ewiger Folter und Bestrafungen. „In den östlichen Religionen", schreiben Crisafulli und Thompson, „war die Hölle im Glauben an eine **Reinkarnation** weniger ein Ort ewiger Pein als vielmehr eine grauenvolle Teilzeitbeschäftigung: Man setzte seine Zeit ein, um die hässlichen Sünden eines Lebens auszutilgen, damit man einen weiteren Anlauf machen konnte, um ein besseres Leben zu führen."

Die Griechen der Antike hatten ihren Tartarus, eine besonders tiefe Grube immerwährender Qualen innerhalb des Hades, die Platon in seinem *Gorgias* (um 400 v. Chr.) schilderte. Der Koran beschreibt eine brennende islamische Hölle mit vielen verschiedenen Stufen, und im alten China glaubte man an eine als Diyu bezeichnete Hölle, einen unter der Erde liegenden Irrgarten mit Kammern, wo die Seelen für ihre Sünden büßten.

Im Neuen Testament werden der Hades und die Gehenna genannt, wobei letztere ein Ort ewiger Qualen war und sich wohl auf das Tal von Gehinnom bezog, wo Kinder dem kananitischen Gott Moloch geopfert wurden. Die Römer nutzten das Gebiet als Müllgrube und für Verbrennungen, sodass dort fast ständig Feuer loderten, was zu der Metapher des Höllenfeuers geführt haben könnte.

Siehe auch Himmel (um 2400 v. Chr.), Die Hexe von Endor (um 1007 v. Chr.), Hades (um 850 v. Chr.), Reinkarnation (um 600 v. Chr.), Xibalba (um 100 v. Chr.), Äußere Finsternis (um 80 n. Chr.), Dantes *Göttliche Komödie* (1321), Goldings Übergangswelt (1956)

Mittelalterliche Darstellung der Hölle im *Hortus Deliciarum* (um 1180). Die von der Äbtissin Herrard von Landsberg (um 1130–1195) abgefasste illuminierte Enzyklopädie war für den Gebrauch junger Novizinnen des Klosters Hohenburg im Elsass bestimmt.

SUIZID

LUDWIG XIV. (1638–1715), YUKIO MISHIMA (1925–1970)

Yukio Mishima, einer der bedeutendsten japanischen Schriftsteller des 20. Jahrhunderts, stach sich am 25. November 1970 ein Messer in den Bauch und schlitzte ihn dann gemäß den Regeln des japanischen Selbstmordrituals *Seppuku* auf. Mishimas Suizid, den die Samurai traditionell nach dem Verlust ihrer Ehre begingen, fand unmittelbar nach seinem missglückten Unternehmen statt, das Kaiserreich wiederherzustellen.

Durch die Geschichte hindurch haben Einzelne immer wieder versucht, sich durch Erhängen, Vergiften, Erschießen oder andere Methoden das Leben zu nehmen. Ursachen, die zu solchen Handlungen führen, sind unter anderem Verzweiflung, psychische Störungen, sozialer Protest und terroristische oder militärische Taktik, wie die Beispiele heutiger Selbstmordattentäter oder japanischer **Kamikazepiloten** zeigen, die ihre Flugzeuge absichtlich auf amerikanische Ziele stürzten. In historischen Texten, die bis ins 4. Jahrhundert zurückreichen, wird über den in Indien als *Sati* bezeichneten Kult berichtet, bei dem sich Witwen auf dem Scheiterhaufen ihres verstorbenen Ehemanns selbst verbrennen. Um 73 n. Chr. zogen es 960 jüdische Bewohner der Festung Masada im heutigen Israel vor, sich selbst zu töten, als von den Römern besiegt und versklavt zu werden, und 1978 verübte eine vergleichbare Anzahl amerikanischer Anhänger einer religiösen Sekte in Jamestown, einer Siedlung in Guayana, einen Massensuizid durch die Einnahme einer zyanidhaltigen Limonade.

Der Weltgesundheitsorganisation zufolge ist Suizid derzeit weltweit die zweithöchste Todesursache in der Gruppe der 15- bis 29-Jährigen, wobei Osteuropa und Asien die höchsten Selbstmordraten aufweisen. Christentum, Judentum und Islam betrachteten die Selbsttötung seit jeher als Ausdruck des Misstrauens gegen Gott, und eine Reihe von Ländern versuchte, Selbstmord und Selbstmordversuche zu ächten. So ordnete Ludwig XIV. 1670 an, dass der Leichnam von Selbstmordopfern mit dem Gesicht nach unten durch die Straßen geschleppt werden sollte und dass Hab und Gut der Person zu beschlagnahmen sei, um die Familie zu bestrafen.

Forscher haben herausgefunden, dass ein niedriger Blutspiegel des Wachstumsfaktors BNDF („Brain-Derived Neutrophic Factor") in Zusammenhang mit Selbstmord stehen könnte. Welche biologischen und psychologischen Auslöser auch immer in Frage kommen mögen, der Historiker Jeffery Watt erinnert daran, dass „Suizid und Haltungen zur Selbsttötung einen unschätzbaren Einblick in das Kollektivbewusstsein einer gegebenen Gesellschaft ermöglichen."

Siehe auch Märtyrer (um 135), Kinder und *Capacocha* (1622), *Ophelia* (1852), Sterbehilfe (1872), Elektrischer Stuhl (1890), Kamikazepiloten (1944), Verzicht auf Wiederbelebung (1976)

Der Tod der Dido, der sagenumwobenen Gründerin Karthagos, ist Gegenstand dieses 1872 entstandenen Gemäldes des belgischen Künstlers Joseph Stallaert (1825–1903). Vergils *Aeneis* (um 20 v. Chr.) zufolge tötet sie sich auf einem Scheiterhaufen mit einem Schwert, als ihr Geliebter Aeneas, ein trojanischer Held, ihr Königreich verlässt.

TERRAKOTTA-ARMEE

QIN SHIHUANGDI (UM 259–210 V. CHR.)

Wenn man auf die ausgegrabene Terrakotta-Armee blickt, kann einen das Gefühl beschleichen, ein neues Universum zu betreten, eine Unterwelt aus einer anderen Dimension, in der eingefrorene Figuren ihren toten Herrn für ewige Zeiten beschützen und unterhalten. „Jahrhundertelang haben Bauern, die in Dörfern östlich von Xi'an im Nordwesten Chinas wohnten, Geschichten über Gespenster und Geister gehört, die unter der Erde lebten", schreibt Autor Michael Capek. Die zufällige Freilegung eines Terrakotta-Soldaten durch einen Bauern im Jahr 1974 löste sowohl jahrelange archäologische Untersuchungen aus als auch die Entdeckung einer riesigen unterirdischen Armee, die einen toten Kaiser mehr als 2000 Jahre bewacht hatte.

Die lebensgroßen Terrakotta-Figuren symbolisieren die Armeen des ersten chinesischen Kaisers Qin Shihuangdis, die zusammen mit dem Herrscher um 210 v. Chr. bestattet wurden, um seinen Schutz im Jenseits zu gewährleisten. Schätzungen zufolge umfassen die Figuren rund 670 Pferde, 130 Streitwagen und womöglich mehr als 8.000 Soldaten, von denen die meisten noch nicht geborgen wurden. Viele der Soldaten waren ursprünglich farbig gestaltet und hielten einst echte Waffen in den Händen wie Schwerter, Armbrüste und Speere. Darüber hinaus gibt es Musiker und Akrobaten, die auch aus Terrakotta gefertigt wurden.

Kaiser Quin bestieg den Thron mit 13 Jahren, und man nimmt an, dass die Arbeiten an seinem Mausoleum bereits um diese Zeit begannen und rund 700.000 Menschen damit befasst waren. Es existieren Hinweise darauf, dass Körperteile in einem fließbandähnlichen Verfahren geschaffen wurden und verschiedene Hohlformen für die Gesichter verwendet wurden. Die Gesichter wurden weiter modifiziert, um zusätzliche Variationen und individualisierte Gesichtszüge zu erzeugen.

Quin führte ein China der „streitenden Reiche" in einem einzigen Staat zusammen. Während der Feudalherrschaft in China wurden manchmal Sklaven, Soldaten und Frauen im gleichen Grab wie ihr verstorbener Herr lebendig beigesetzt, um ihm auch im Jenseits zu Diensten stehen zu können. Glücklicherweise wurde diese Sitte unter Quin nicht länger praktiziert – ihm reichten seine Gefolgsleute aus Terrakotta. Spätere Chronisten berichten, dass das Grab auch noch weitere Wunder beherbergte, etwa die Nachbildung von Bachbetten aus Quecksilber, um das Strömen des Wassers zu imitieren. Bodenanalyen konnten in diesem Bereich tatsächlich erhöhte Quecksilberwerte nachweisen.

Siehe auch Mumien (um 5050 v. Chr.), Hügelgräber (um 4000 v. Chr.), Golem (1580), Kinder und *Capacocha* (1622)

Die Terrakotta-Armee in Grube 1 der Ausgrabungen nahe Xi'an, China.

XIBALBA

PEDRO DE ALVARADO Y CONTRERAS (UM 1490–1541)

Xibalba ist der Name einer geheimnisvollen Unterwelt in der Mythologie des Volks der Quiche-Maya, Indianern, die überwiegend das Hochland im heutigen Guatemala bewohnen und deren Herrschaftsgebiet 1524 vom spanischen Konquistadoren Pedro de Alvarado erobert wurde. Das unter der Erde gelegene Xibalba („Ort der Angst“) war über eine Höhle zugänglich und Sitz grauenvoller Totengötter, die im *Popol Vuh* beschrieben werden, einer Sammlung von Texten, die die Mythologie und Geschichte des Quiche-Reichs behandeln. Die zwölf mächtigen Herrscher von Xibalba verursachen etliche Formen menschlichen Leids in unserer Welt, etwa Angst, Krankheit und Schmerz. Das Reich von Xibalba hält unterschiedliche Prüfungen für Menschen bereit, und allein schon der Weg dorthin ist mit großen Herausforderungen verknüpft wie die Überquerung von Flüssen, die mit Skorpionen, Blut und Eiter gefüllt sind. In einer berühmten Legende steigen die Zwillinge Hunahpu und Xbalanque nach Xibalba hinab, um Rache für den von den Göttern ermordeten Vater und Onkel zu nehmen. Nachdem die Totengötter den Zwillingen Ballspiele und Prüfungen abverlangt hatten, konnten die beiden Helden die Xibalbaner schließlich besiegen und wurden als Sonne und Mond in den Himmel emporgehoben. Darstellungen, die auf den Mythos der beiden heroischen Zwillinge anspielen, wurden auf Wandmalereien entdeckt, die um 100 v. Chr. entstanden sind.

Die Kosmologie der Maya umfasste ein Universum mit vielen Ebenen, das aus einer flachen, viereckigen Erde mit einem Weltenbaum im Zentrum bestand, der die dreizehn Stufen des Himmels mit den neun der Unterwelt verband, wo die Xibalbaner lebten, die oft als abnormale Wesen wiedergegeben wurden. Innerhalb von Xibalba befanden sich verschiedene Häuser, die in Zusammenhang mit Prüfungen und Fallen standen und Räume hatten, in denen scharfe Messer lagen, Jaguare und Fledermäuse vorkamen und Hitze oder Kälte herrschten und dergleichen mehr.

Dem Autor Stanislav Chládek zufolge waren die religiösen Ideen der Maya „vom Glauben an ein Leben nach dem Tod durchdrungen, das aber erst stattfinden konnte, nachdem die Verstorbenen die Prüfungen in Xibalba bestanden hatten, wo die Herren der Unterwelt regierten, die Xibalbaner. Der allgegenwärtige Tod veranlasste die Maya, viele ihrer Rituale dieser finalen Konfrontation mit den Herren der Unterwelt und ihrer endgültigen Wiedergeburt zu widmen.“

Siehe auch Himmel (um 2400 v. Chr.), Yama (um 1100 v. Chr.), Hades (um 850 v. Chr.), Thanatos (um 700 v. Chr.), Hölle (um 400 v. Chr.), Tag der Toten (1519), Kinder und *Capacocha* (1622)

Dieses in Kalkstein gehauene Relief zeigt gefesselte Gefangene (unten links), die einem Herrscher der Maya um 785 vorgeführt wurden. Rituelle Aderlässe wurden in der klassischen Epoche der Maya-Kultur (um 250 bis 900) oft an hochrangigen Kriegsgefangenen vollzogen, während Gefangene niederen Ranges zu Arbeiten gezwungen wurden.

Iudica me deus et discer
ne causam meam de
gente non sancta ab
homine iniquo et doloso eri
pe me quia tu es deus meus
et fortitudo mea. Ps.
Emitte lucem tuam et
ueritatem tuam ipsa me de

AUFERSTEHUNG

JESUS VON NAZARETH (UM 4 V. CHR.–UM 30 N. CHR.)

„Die Auferstehung ist fraglos eines der wichtigsten und faszinierendsten Konzepte des christlichen Glaubens“, schreibt der Religionswissenschaftler Géza Vermes. „Der heilige Paulus, dem dieser Bereich mehr als jedem anderen verdankt, lässt diesbezüglich bei seinen Lesern keine Zweifel aufkommen.“ Paulus schreibt in seinem ersten Brief an die Korinther (1 Kor 15,13-14): „Gibt es keine Auferstehung der Toten, so ist auch Christus nicht auferweckt worden. Ist aber Christus nicht auferweckt worden, so ist unsre Predigt vergeblich, so ist auch euer Glaube vergeblich.“

Der Begriff *Auferstehung* bezieht sich in einem religiösen Kontext auf die Auferweckung der Toten, die ihre Persönlichkeit bewahren. Die meisten Christen glauben, dass Jesus nach der Kreuzigung und Bestattung in leiblicher Gestalt auferstanden ist. Allgemeiner formuliert postulieren die abrahamitischen Religionen eine Rückkehr der Toten ins Leben am Jüngsten Tag. So glauben die Muslime an einen zukünftigen Tag der leiblichen Auferstehung und eine finale Prüfung der Menschlichkeit durch Allah. Die Bücher Ezechiel und Daniel der hebräischen Bibel erwähnen beide, dass die Israeliten in der Zukunft von den Toten auferstehen werden.

In der hebräischen Bibel werden verschiedene Menschen wieder ins Leben zurückgerufen. So erweckt Gott nach Gebeten des Propheten Elija einen Jungen von den Toten. Ein Verstorbener, den man in das Grab des Propheten Elisa warf, wird wieder lebendig, nachdem er die Gebeine Elisas berührt hatte. Im Neuen Testament ermächtigt Jesus die Apostel, Tote zu erwecken.

Interessanterweise glauben Muslime nicht, dass Jesus gekreuzigt wurde, sondern in leiblicher Gestalt zu Gott emporgehoben wurde. Im Koran (4,157-158) heißt es dazu: „Und weil sie sprachen: ‚Wir haben Jesus Christus, den Sohn Marias, den Gesandten Allahs getötet‘, während sie ihn doch weder getötet noch gekreuzigt hatten, sondern dies wurde ihnen nur vorgetäuscht ... vielmehr hat Allah ihn zu sich erhoben.“ Den Muslimen zufolge wird Jesus, wenn er am Jüngsten Tag zurückkehrt „das Kreuz zerbrechen, das Schwein töten und Dschizya abschaffen“ (Al-Bukhari, Hadith 656). Da *Dschizya* eine Steuer ist, die Nichtmuslime entrichten müssen, wenn sie in einem muslimischen Land dauerhaft leben, werden Christen einer Auslegung nach dann zum Islam konvertieren.

Siehe auch Die vier Reiter der Apokalypse (um 70 n. Chr.), Golem (1580), Grabräuber (1832), Cotard-Syndrom (1880), Tissots Kreuzigungsvision (um 1890), Geistertanz (1890), Herz-Lungen-Reanimation (1956), Zombies (1968), Quantenauferstehung (>100 Billionen)

Erweckung des Lazarus, Illustration der Brüder von Limburg aus dem *Stundenbuch des Duc de Berry* (Les Très Riches Heures du duc de Berry), das um 1410–1416 entstanden ist.

NATIONAL POLICE GAZETTE.

Vol. 2. No. 27—$2 A YEAR. NEW-YORK, SATURDAY, MARCH 13, 1847. FOUR CENTS A NUMBE

THE FEMALE ABORTIONIST.

SCHWANGERSCHAFTS-ABBRUCH

PEDANIOS DIOSKURIDES (UM 40–90 N. CHR.)

um 70 n. Chr.

Die Praxis des Schwangerschaftsabbruchs setzte bereits vor tausenden Jahren mit einem breiten Spektrum ebenso wirksamer wie unwirksamer Methoden ein, die von Kräuterextrakten über kräftige Bauchmassagen bis hin zur Einführung scharfer Instrumente reichten. So empfahl der griechische Pharmakologe Dioskurides gegen 70 n. Chr. einen pflanzlich hergestellten „Abtreibungswein" aus Nieswurz, Spritzgurke und orientalischer Purgierwinde. Im 2. Jahrhundert verschrieb der griechische Arzt Soranus als Abortiva das Reiten oder heftiges Hüpfen, bei dem die Fersen der Frau den Po berühren sollten. Heute wird die Entfernung oder Ausstoßung eines Embryos oder Fötus aus der Gebärmutter durch verschiedene Maßnahmen erreicht. Der medikamentöse Abbruch beispielsweise erfolgt durch die Einnahme von Arzneimitteln, ist also nicht operativ, wohingegen sich die Aspiration oder Absaugmethode einer Saugkürette bedient und bei der Kürettage mit einem scharfen Instrument ausgeschabt wird.

Abtreibung hat seit jeher zu heftigen Disputen geführt. Ihre Gegner werten die Vernichtung der befruchteten Eizelle als Mord an einem Menschen, obschon das „zygotische Prinzip" (die Vorstellung von der befruchteten Eizelle als einer Person) erst jüngeren Datums ist, wie der Ethiker Louis Guenin erörterte. Vor 1869 vertrat die katholische Kirche noch die Auffassung, der Embryo werde erst nach 40 Tagen mit Aufnahme der Seele zu einer Person. Schon Aristoteles war von einer solchen 40-Tage-Frist ausgegangen. Und wenn die Leibesfrucht noch unbeseelt war, dann konnte eine entsprechend frühe Abtreibung auch kein Mord sein. Papst Innozenz III. bestimmte 1211 für die Beseelung einen Zeitraum vom dritten bis zum vierten Monat. Nach jüdischem Glauben ist der Fötus erst nach Hervorkommen des Kopfes aus dem Mutterleib ein vollwertiger Mensch. Bis zum Alter von 40 Tagen gilt der Embryo noch als *maya b'alma* oder „bloß Wasser" (Talmud, Jewamot 69b).

In Deutschland ist der Schwangerschaftsabbruch grundsätzlich strafbar, wobei es mehrere Ausnahmen gibt, etwa die Einhaltung bestimmter Fristen und Teilnahme an einem Beratungsgespräch oder als medizinisch begründeter Eingriff und bei einer Schwangerschaft infolge einer Vergewaltigung.

Siehe auch Suizid (300 v. Chr.), Kinder und *Capacocha* (1622), Autopsie (1761), Hirntod (1968), Verzicht auf Wiederbelebung (1976)

Diese Abbildung der New Yorker Abtreiberin Ann Lohman (alias Madame Restell, 1812–1878) erschien 1847 in der *National Police Gazette*. Sie beging in ihrer Wohnung in der Fifth Avenue Selbstmord, kurz nachdem sie von Anthony Comstock verhaftet worden war, dem Begründer der „New York Society for the Suppression of Vice" (Gesellschaft zur Unterdrückung des Lasters).

DIE VIER REITER DER APOKALYPSE

NERO (37–68 N. CHR.), DOMITIAN (51–96 N. CHR), ALBRECHT DÜRER (1471–1528), BENJAMIN WEST (1738–1820), TERRY PRATCHETT (1948–2015), NEIL GAIMAN (GEB. 1960)

Die Offenbarung des Johannes oder die Apokalypse ist das letzte Buch des Neuen Testaments und ermöglichte wegen ihres beängstigenden Inhalts und ihrer erschreckenden Bilder eine große Anzahl unterschiedlicher Interpretationen und bot Anlass zu vielen Disputen, Kunstwerken und Veröffentlichungen. Die Offenbarung wurde vermutlich zwischen 69 und 95 n. Chr. verfasst, also entweder am Ende der Regierungszeit des römischen Kaisers Nero oder Domitian, wobei es für beide Datierungen schlüssige Argumente gibt. Im Text selbst wird als Autor der Offenbarung Johannes auf der griechischen Insel Patmos genannt. Es existieren viele unterschiedliche Theorien hinsichtlich der Entstehung des Werks. So könnte der Text entweder als Darstellung historischer Ereignisse in Zusammenhang mit dem römischen Reich gedacht gewesen sein oder zukünftiger Geschehnisse einschließlich der Endzeiten, aber auch als Kampf zwischen Gut und Böse und/oder als Ankündigung des Zweiten Kommens Christi.

Zu den berühmten und verwirrenden Bildern in der Offenbarung zählen die vier apokalyptischen Reiter, Wesen, die herbeigerufen und losgelassen werden, als Christus (symbolisiert durch ein Lamm) die ersten vier Siegel in einem Buch öffnet. Die ersten drei Reiter auf einem weißen, roten und schwarzen Pferd werden allgemein gedeutet als Inbilder von Eroberung (oder Pest), Krieg und Hunger. Der letzte Reiter auf einem fahlen Pferd personifiziert den Tod (Offb 6,7-8): „Als das Lamm das vierte Siegel öffnete, hörte ich die Stimme des vierten Lebewesens rufen: ‚Komm!‘ Da sah ich ein fahles Pferd; und der, der auf ihm saß, heißt ‚der Tod‘, und die Unterwelt zog hinter ihm her. Und ihnen wurde die Macht gegeben über ein Viertel der Erde, Macht, zu töten durch Schwert, Hunger und Tod und durch die Tiere der Erde.“

Das griechische Wort *khloros* für die Farbe des Todespferdes kann verschiedene Bedeutungen haben, etwa aschfarben, fahl, hellgrün oder gelbgrün. Albrecht Dürers Kohlezeichnung von 1505 zeigt den Tod als Skelett mit einer Sense auf einem abgemergelten Pferd. Der amerikanische Maler Benjamin West bildete 1796 auch Ungeheuer im Gefolge der Todesreiter ab. Der 1990 veröffentlichte Roman *Ein gutes Omen* von N. Gaiman und T. Pratchett erreicht seinen Höhepunkt, als sich die „Motorradfahrer der Apokalypse“ versammeln, darunter der schöne rothaarige Tod und die knabenhafte Umweltverschmutzung, wobei letztere Plage infolge der Entdeckung von Antibiotika den Platz der Pest eingenommen hat.

Siehe auch Auferstehung (um 30 n. Chr.), Schwarzer Tod (1347), Sensenmann (1424), *Im Garten des Todes* (1896)

Tod auf einem fahlen Pferd, Gemälde des amerikanischen Malers Benjamin West (1738–1820).

ÄUSSERE FINSTERNIS

HERBERT LOCKYER (1886–1984)

Wohin wird unser Geist im Augenblick des Todes treiben? Dem Matthäusevangelium im Neuen Testament zufolge existiert ein geheimnisvolles Reich der „äußeren Finsternis", das in diesem Evangelium drei Mal genannt wird. Äußere Finsternis scheint auf einen Ort zu verweisen, an den ein Mensch verstoßen werden kann und wo es ein „Heulen und Zähneknirschen" gibt, weil der Mensch von Gott getrennt wird. Der Religionsexperte und Seelsorger Herbert Lockyer schreibt: „Wir wissen nicht, was alles ‚äußere Finsternis' beinhaltet ... Wir können nicht durch den Schleier sehen und die Finsternis durchdringen und von den Leiden dort berichten. ... Einzelheiten über die Qualen der Bösen werden nicht offenbart. Die einzige Sicherheit vor ihnen besteht darin, sich in Gottes Schoß zu verbergen."

Der Autor und Journalist Drew Williams sagt über das Konzept der äußeren Finsternis im Glauben der Mormonen: „In der Offenbarung der Mormonen steht, dass, nachdem alle Herrlichkeit und Gnade selbst an die niedrigste der Seelen verteilt worden war, Gott dennoch einen Ort für die schlechtesten der Seelen brauchte wie diejenigen, die sich entschieden hatten, Satan zu folgen trotz des Plans, der während des Großen Rats dargelegt worden war. ... Keine Seele Gottes hält sich in der äußeren Finsternis auf. Die äußere Finsternis ist die endgültige Verbannung." Williams zufolge werden diejenigen, die Jesus Christus als den Messias erkannten, diese Wahrheit aber verleugneten, verdammte Seelen sein, die „für immer ewige Finsternis und Qualen erleiden werden. Diese verlorenen Seelen wären besser niemals geboren worden."

Der Pfarrer J. D. Faust konstatiert: „Einige moderne Christen meinen, dass diese ‚äußere Finsternis' ein vorübergehendes Gefängnis im Herzen der Erde sei, wo fleischliche Christen das Jahrtausend verbringen würden. ... Andere lehren, dass ‚äußere Finsternis' nur ein Reich oberhalb der Erde *innerhalb* des Königreichs sei. ... Wieder andere lehren, dass es *auch* noch eine weitere Möglichkeit in Abhängigkeit vom Ausmaß der Sünde gäbe, nämlich die Verbannung in die Unterwelt; allerdings unterscheiden sie diese Unterwelt von der ‚äußeren Finsternis'.

Siehe auch Hades (um 850 v. Chr.), Hölle (um 400 v. Chr.), Dantes *Göttliche Komödie* (1321), Goldings Übergangswelt (1956)

Die Leiter des göttlichen Aufstiegs, Ikone aus dem 12. Jahrhundert im Katharinenkloster, das am Fuß des Berges Sinai liegt. Die Mönche werden von Dämonen in Versuchung gebracht und von der Leiter heruntergezogen, während Engel sie ermutigen, ihren Aufstieg auf der Leiter, die aus dreißig Sprossen besteht, bis ganz oben fortzusetzen, wo Christus sie erwartet.

首之内 大納言經信

GESPENSTER

GAIUS PLINIUS CAECILIUS SECUNDUS, AUCH PLINIUS DER JÜNGERE (61–UM 112)

um 100 n. Chr

Im 1843 erschienenen Roman *Eine Weihnachtsgeschichte* von Charles Dickens muss ein Gespenst feststellen, dass Ebenezer Scrooge nicht an Geister glaubt. Das Gespenst fragt ihn: „Welchen Beweis wollt Ihr, außer dem Eurer Sinne, von dem meiner Wirklichkeit haben? Warum glaubt Ihr Euren Sinnen nicht?" „Weil sie eine Kleinigkeit stört", sagte Scrooge. „Eine kleine Störung im Magen macht sie zu Lügnern. Ihr könnt ein unverdautes Stück Rindfleisch ... sein. Wer Ihr auch sein mögt, Ihr habt mehr vom Unterleib, als von der Unterwelt an Euch."

Wenngleich die Vorstellung, dass sich die Seele oder der Geist eines Verstorbenen den Lebenden manifestieren kann, bereits in Volksreligionen vor der Verschriftung von Sprache bekannt und offenbar in allen Kulturen gegenwärtig war, so ist dieser Eintrag dennoch auf um 100 n. Chr. datiert, weil einer der ersten Berichte über ein Spukhaus mit einem kettenrasselnden Gespenst und nachfolgender Untersuchung um dieses Jahr herum verfasst wurde. Der römische Magistrat Plinius der Jüngere erzählte die Geschichte eines Hauses in Athen, das von einem Gespenst in Ketten heimgesucht wurde. Nach einer Hausbegehung wurde das in Ketten eingewickelte Skelett des Gespensts entdeckt und anschließend ordentlich bestattet, wodurch der Spuk ein Ende nahm.

Gespenster haben durch die Zeit hindurch eine Reihe von verschiedenen Erscheinungsformen angenommen, die von unsichtbarer Anwesenheit bis zu körperlichen, realistischen Wesen reichen. Homer, der *Die Odyssee* und *Die Ilias* verfasste, beschreibt im letztgenannten Epos einen Geist, der „wie dampfender Rauch in die Erde hinabsank, hellschwirrend." Skeptiker haben darauf verwiesen, dass solche Geistererscheinungen aus Pareidolien resultieren können, also zufälligen Wahrnehmungen, in denen das menschliche Gehirn vertraute Muster zu finden versucht. Dieses Phänomen kann auch durch hypnagoge Halluzinationen verursacht werden, die sich beim Übergang vom Wachzustand zum Schlaf ereignen können.

„Zweifellos spiegeln Gespenster einige unserer Beunruhigungen wider hinsichtlich dessen, was mit uns geschieht, nachdem wir gestorben sind", schreibt der Autor J. Allan Danelek. „Sollte es tatsächlich Geister geben, dann beweist das, dass die menschliche Persönlichkeit den Tod überlebt und wir alle daraus die Hoffnung auf Unsterblichkeit schöpfen können. Auch wenn sie uns häufig erschrecken, so scheint es, dass wir Gespenster brauchen, und sei es nur für unser persönliches Gefühl kosmischer Bedeutung."

Siehe auch *Das Ägyptische Totenbuch* (um 1550 v. Chr.), Die Hexe von Endor (um 1007 v. Chr.), Sündenesser (1825), Séance (1848)

Diese Abbildung von Utagawa Kuniyoshi (1797–1861), einem japanischen Maler und Meister des Farbholzschnitts, zeigt einen riesigen Geist, der draußen vor der Studierstube des Dichters Minamoto no Tsunenobu (1016–1097) ein Gedicht rezitiert.

MÄRTYRER

AKIBA BEN JOSEF (UM 50–UM 135), VIBIA PERPETUA (UM 182–203), RALPH WALDO EMERSON (1803–1882), SØREN AABYE KIERKEGAARD (1813–1855), MOHANDAS KARAMCHAND GANDHI (1869–1948), MARTIN LUTHER KING, JR. (1929–1968)

„LASST UNS ALLE TAPFER GENUG SEIN, UM DEN Märtyrertod zu sterben, aber lasst niemanden nach einem Martyrium lechzen“, sagte Mahatma Gandhi, der die indische Unabhängigkeitsbewegung während der britischen Kolonialherrschaft anführte. Der amerikanische Dichter Ralph Waldo Emerson schrieb: „Der Märtyrer kann nicht entehrt werden. Jeder zugefügte Peitschenhieb ist eine Zunge des Ruhmes; jedes Gefängnis ein eher glanzvoller Aufenthaltsort.“ Der dänische Philosoph Søren Kierkegaard stellte fest:„Der Tyrann stirbt und seine Herrschaft ist vorbei; der Märtyrer stirbt und seine Herrschaft beginnt.“

In der ursprünglichen Bedeutung ist ein *Märtyrer* ein „Zeuge“, aber im Laufe der ersten christlichen Jahrhunderte wandelte sich der Begriff und implizierte Leiden und Tod von Menschen aufgrund ihres Glaubens. Das Wort *Shaheed* bezeichnet auch im Arabischen einen „Zeugen“ und wurde im Islam für Märtyrer üblich, die für ihren Glauben starben.

Im 2. Jahrhundert wurde der jüdische Gelehrte Chanina ben Teradion zum Märtyrer, weil der römische Kaiser Hadrian das Lehren und das Studium der Thora untersagt hatte. Ben Teradion wurde verhaftet, in eine Thorarolle gehüllt und auf den Scheiterhaufen gebracht. Als das Feuer entzündet wurde, sagte er der Legende nach: „Das Pergament brennt, aber die Worte fliegen frei davon.“ Ähnlich erging es Akiba ben Josef, den die Römer ermordeten, weil er die Thora lehrte. Während die römischen Legionäre mit großen eisernen Kämmen sein Fleisch von den Knochen abzogen, rezitierte er das *Schma Jisrael,* ein jüdisches Gebet.

In der klassischen „Epoche des Martyriums“ während der römischen Christenverfolgungen wurde der Tod eines Märtyrers als eine „Bluttaufe“ betrachtet, die ihn von seinen Sünden reinigte. Die Heiligkeit war diesen zutiefst verehrten Auserwählten gewiss, deren Reliquien in vielen christlichen und orthodoxen Kirchen stark zunahmen. So wurde im Jahr 203 die 22-jährige Adlige und stillende Mutter Vibia Perpetua aus Karthago mit ihrer schwangeren Sklavin Felicitas zum Tode verurteilt. In einem römischen Amphitheater wurden sie von einem wilden Stier angegriffen und dann mit einem Schwert hingerichtet. Die beiden Märtyrerinnen wurden heilig gesprochen und ihr Gedenktag auf den 7. März gelegt.

Das religiöse Martyrium ist heute weit verbreitet und das Konzept des politischen Martyriums ist aufgekommen, um jemand zu beschreiben, der für seine politische Überzeugung leidet oder stirbt, wie zum Beispiel der Bürgerrechtler Martin Luther King, Jr.

Siehe auch Suizid (300 v. Chr.), Letzte Worte Sterbender (1922), Kamikazepiloten (1944)

Das letzte Gebet des christlichen Märtyrers wurde 1883 vom französischen Künstler Jean-Léon Gérôme (1824–1904) gemalt.

Engel

um 380

„Abends, wenn ich schlafen geh, / Vierzehn Engel um mich stehn; / Zwei zu meinen Häupten, / Zwei zu meinen Füßen, / Zwei zu meiner Rechten, / Zwei zu meiner Linken, / Zweie, die mich decken, / Zweie, die mich wecken, / Zweie, die mich weisen / zu Himmels Paradeisen.“ Kinderreime wie diese mögen unter anderem der Anlass gewesen sein, sich Engel vorzustellen, die sich mit ihren Flügeln in den Himmel erheben, allerdings finden sich auf frühen Abbildungen flügellose Engel. Die vermutlich früheste Darstellung eines Engels als geflügeltes Wesen befindet sich in Istanbul auf dem um 380 datierten sogenannten Prinzensarkophag. Im Zoroastrismus, im Islam, im Juden- und Christentum sind sie oft Mittler zwischen Himmel und Erde.

Im Alten und Neuen Testament, in denen Engel rund dreihundert Mal erwähnt werden, treten sie als Helfer von Menschen ebenso wie auch als Verursacher ihres Todes in Erscheinung, etwa als der Engel des Todes im Buch Exodus die erstgeborenen Kinder der Ägypter erschlägt. Um 500 schuf der christliche Kirchenvater Pseudo-Dionysius Areopagita eine Hierarchie von neun Chören der Engel, die gemäß ihrer Nähe zu Gott angeordnet sind: (1) Seraphim, (2) Cherubim, (3) Throne, (4) Herrschaften, (5) Mächte, (6) Gewalten, (7) Fürsten, (8) Erzengel und schließlich (9) Engel.

Die in der Aufzählung zuerst genannten Seraphim, die Gottes Thron bewachen, werden in Jes 6,1-4 als Wesen mit sechs Flügeln beschrieben. Die meisten von uns denken bei Cherubim an kleine mollige Babys, die auf Valentinstagskarten herumschwirren. In der Bibel sind sie allerdings viel furchteinflößender und stehen als Wächter mit Flammenschwertern vor dem Garten Eden und sind angewiesen, Adam und Eva an ihrer Rückkehr zu hindern. Gemäß Hes 1,5-14 haben sie vier Gesichter (Mensch, Löwe, Stier, Adler) und vier Flügel. Jesus sprach über Engel in Mt 26,53: „Glaubst du nicht, mein Vater würde mir sogleich zwölf Legionen Engel schicken, wenn ich ihn darum bitte?“

Eine der rätselhaftesten Geschichten in der Bibel kommt in 1.Mose 6,1-4 vor, wo man auf die Nephilim (hebr. „Riesen“) trifft, die entstanden, „nachdem sich die Gottessöhne mit den Menschentöchtern eingelassen und diese ihnen Kinder geboren hatten. Das sind die Helden der Vorzeit, die berühmten Männer.“ Einigen Vermutungen zufolge waren „die Gottessöhne“ Engel, die sich mit Menschenfrauen einließen und Mischwesen zeugten, die als Nephilim bekannt sind.

Siehe auch Himmel (um 2400 v. Chr.), *Jakobs Traum* (um 1805), Schwabes *Der Tod des Totengräbers* (1895), *Der verwundete Engel* (1903)

Dieses Gemälde des dänischen Malers Carl Heinrich Bloch (1834–1890) zeigt einen Engel, der Jesus im Garten Gethsemane vor seiner Gefangennahme und Kreuzigung tröstet.

DAS TIBETISCHE TOTENBUCH

YESHE TSOGYAL (757–817), CARL GUSTAV JUNG (1875–1961), WALTER YEELING EVANS-WENTZ (1878–1965), WILLIAM S. BURROUGHS (1914–1997), IRWIN ALLEN GINSBERG (1926–1997)

um 780

Angesichts des *Tibetischen Totenbuchs* schreiben die Onkologen Mark Bower und Jonathan Waxman: „Ein fundamentaler Lehrsatz des Buddhismus ist, dass der Tod nicht etwas ist, das uns in ferner Zukunft erwartet, sondern etwas, das wir mit uns in die Welt bringen und uns unser ganzes Leben lang begleitet. Statt Endgültigkeit bietet der Tod eine einzigartige Gelegenheit für spirituelles Wachstum mit der ultimativen Aussicht auf Transformation in einen unendlichen Zustand zum Nutzen anderer."

Das Tibetische Totenbuch, das auch als *Befreiung durch Hören im Zwischenzustand* oder *Bardo Thödröl* bekannt ist, ist eine tibetische Schrift, die dazu diente, Sterbende durch verschiedene Erlebnisse während des 49-tägigen Übergangsstadiums zwischen Tod und nächster Wiedergeburt zu führen. Die Zwischenphase wird als *Bardo* bezeichnet und kann sowohl mit friedlichen als auch beängstigenden Bildern ausgefüllt werden. Das Buch ist eine Anleitung, die Toten und Sterbenden mit dem Ziel laut vorgelesen wird, *nicht* wiedergeboren, sondern aus dem Kreislauf von Wiedergeburt und Tod befreit zu werden.

Der tibetischen Überlieferung zufolge wurde die Schrift während des achten Jahrhunderts vom legendären, mystisch-buddhistischen Guru Padmasambhava verfasst und/oder zusammengestellt und von seiner Schülerin Yeshe Tsogyal um 780 aufgeschrieben. 1927 führte der amerikanische Anthropologe Walter Evans-Wentz das Werk im Westen ein.

Weil das *Tibetische Totenbuch* versucht, eine der größten Menschheitsfragen anzusprechen, nämlich was mit uns geschieht, wenn wir sterben, hat es bei ganz unterschiedlichen Gruppen Interesse erregt, die von Musikern wie den Beatles bis hin zu einflussreichen Psychiatern wie Carl G. Jung reichen. Der „Beat Generation"-Schriftsteller William S. Burroughs schrieb 1954 an den Dichter Allen Ginsburg: „Tibetischer Buddhismus ist äußerst interessant. Versenke dich darin, wenn du's nicht schon getan hast." Als Evans-Wentz 1965 starb, wurde während seiner Beerdigung aus seiner Übersetzung des *Tibetischen Totenbuchs* vorgelesen.

Siehe auch *Das Gilgamesch-Epos* (um 2000 v. Chr.), *Das Ägyptische Totenbuch* (um 1550 v. Chr.), Yama (um 1100 v. Chr.), Reinkarnation (um 600 v. Chr.), Himmelsbestattung (1328)

„Der Tanz des Todesgottes" während eines Fests in Bhutan zu Ehren des legendären Padmasambhava, der der Überlieferung nach den Vajrayana-Buddhismus im Laufe des achten Jahrhunderts nach Tibet und Bhutan brachte.

SCHIFFSGRÄBER DER WIKINGER

DAVID HERBERT LAWRENCE (1885–1930)

834

„Hast du dein Schiff des Todes gebaut, oh, hast du es getan?“, fragte der Schriftsteller D. H. Lawrence in seinem gespenstischen Gedicht „Das Schiff des Todes“, das Boote beschreibt, die Seelen auf ihrer „längsten Reise“ befördern. Lawrence rät Lesern, ihre eigenen Schiffe mit Essen und Wein auszurüsten, um sich auf diesen „dunklen Flug“ des Vergessens vorzubereiten. Der Dichter scheint sich auf die geheimnisvollen Wikinger-Schiffsgräber zu beziehen, in denen Verstorbene mit verschiedenen Teilen ihrer Besitztümer und manchmal sogar geopferten Sklaven in Booten bestattet wurden.

Eines der berühmtesten Wikingerschiffe, das während der Wikingerzeit für Begräbnisse benutzt wurde, ist das Oseberg-Schiff, das innerhalb eines gewaltigen Hügelgrabs in Norwegen entdeckt wurde. 834 wurde dieses 22 m lange Schiff aus Eiche den Skelettfunden nach mit vierzehn Pferden, einem Ochsen und drei Hunden in den Grabhügel eingebracht. In dem Schiff wurden zudem die Skelette von zwei Frauen aufgefunden, von denen eine ungefähr 64 Jahre und die andere etwa 25 Jahre alt waren. Es gab Vermutungen, dass die ältere Frau Åsa gewesen sein könnte, eine halb legendäre Königin, die ebenso berühmt war für ihre Schönheit wie für ihre Entschlossenheit, ihren grausamen Ehemann Guðrøðr den Jagdkönig, ermorden zu lassen. Das Schiff enthielt darüber hinaus einen vierrädrigen Wagen, Schlitten, Schmuckgegenstände und Objekte des täglichen Gebrauchs.

Ein weiteres bekanntes Beispiel für ein Wikinger-Schiffsgrab ist das 23 m lange Gokstad-Schiff, das sich in einem Grabhügel nahe dem norwegischen Gokstadhaugen befand. Das im Vergleich zum Oseberg-Schiff robustere Gokstad-Schiff war sowohl ein Handels- als auch Kriegsschiff, das 32 Ruderern Platz bot. Das Eichenholz des Bootes wurde auf um 890 datiert. Auf dem Schiff war der Leichnam eines etwa 60-jährigen Mannes gebettet und in der Grabkammer fanden sich drei kleinere Boote sowie Schilde, Hunde und Pferde.

Im 10. Jahrhundert schrieb der arabische Schriftsteller Ahmad ibn Fadlan einen Reisebericht, in dem er auch das Begräbnis eines Häuptlings der Rus schilderte, dessen Sklavin ihn freiwillig ins Jenseits begleiten wollte. Nachdem man ihr Rauschmittel verabreicht hatte, hatten viele der Männer Geschlechtsverkehr mit ihr und platzierten sie anschließend neben den Leichnam im Boot der Grabkammer, wo sie sie vergewaltigten. Sie wurde schließlich stranguliert und von einer alten Frau, die man den „Todesengel“ nannte, erdolcht, bevor das Schiff in Brand gesetzt wurde.

Siehe auch Hügelgräber (um 4000 v. Chr.), Grabsteine (um 1600 v. Chr.), Bifröst (um 1220), Himmelsbestattung (1328), Trauerzug (um 1590), Friedhöfe (1831)

Ein 1883 entstandenes Gemälde des polnischen Malers Henryk Siemiradzki (1843–1902) zeigt die Bestattung eines im zehnten Jahrhundert gestorbenen Wikingerherrschers.

BIFRÖST

SNORRI STURLUSON (1179–1241), GEORGE MACDONALD (1824–1905)

Im 1867 erschienenen Märchen *Der goldene Schlüssel* assoziierte der schottische Pfarrer George MacDonald den Regenbogen mit Wundern und Geheimnissen: „Sie stiegen aus der Erde heraus und erhoben sich – immer noch emporsteigend – über sie. Sie waren im Regenbogen. Weit draußen, über Meer und Land, konnten sie durch seine durchsichtigen Wände die Erde unter ihren Füßen sehen. Treppe auf Treppe wand sich zugleich empor, und schöne Wesen jeden Alters stiegen mit ihnen in die Höhe. Sie wussten, dass sie in ein Land hinaufgingen, woher die Schatten fallen."

Die vielleicht faszinierendste Vorstellung eines Regenbogens als Verbindung zu überirdischen Reichen ist Bifröst, die brennende Regenbogenbrücke, die von unserer Welt nach Asgard hinaufführt, dem Reich der Götter in der Snorra-Edda, altnordischen mythischen Texten, die der isländische Historiker und Dichter Snorri Sturluson um 1220 schrieb und zusammenstellte. Die Götter bauten Bifröst aus Feuer (rot), Luft (blau) und Wasser (grün). Wenngleich die Regenbogenbrücke zerbrechlich wirken mag, so ist sie doch äußerst stabil.

Die Götter benutzten Bifröst für ihre regelmäßigen Besuche auf der Erde, wohingegen Sterbliche die Brücke nicht überqueren durften, außer vielleicht einigen heldenhaften Recken, die in einer Schlacht getötet wurden. Alten Sagen zufolge wurde die Brücke während der Ragnarök zerstört, einer Epoche großer Naturkatastrophen und der Götterdämmerung. Auf dem Höhepunkt der Ragnarök greifen Riesen und Dämonen Asgard über Bifröst an. Bifröst wird vom Gott Heimdall bewacht, der in sein Gjallarhorn stößt, um die Götter zu warnen. Aber trotz Heimdalls Anstrengungen bricht Bifröst unter dem Gewicht der Angreifer völlig zusammen.

Regenbögen haben eine wichtige Rolle in Sagen und Religionen rund um die Welt gespielt. So diente der Regenbogen in der griechisch-römischen Mythologie als Verbindungsweg zwischen Himmel und Erde. Die Autoren Raymond Lee und Alistair Fraser schreiben: „Vom Okzident bis zum Orient sind unzählige Vorstellungen über die Natur des Regenbogens entstanden. Ob als Brücke, Bote, Bogenstern oder Schlange – jahrtausendelang diente der Regenbogen symbolischen Zwecken."

Siehe auch Himmel (um 2400 v. Chr.), Schiffsgräber der Wikinger (834), *Jakobs Traum* (um 1805)

Der Gott Heimdall steht in dieser 1905 entstandenen Illustration des deutschen Malers und Gebrauchsgrafikers Emil Doepler (1855–1922) an der Bifröst-Regenbogenbrücke und stößt in sein Gjallarhorn.

DANTES GÖTTLICHE KOMÖDIE

PUBLIUS VERGILIUS MARO (70–19 V. CHR.), DANTE ALIGHIERI (UM 1265–1321)

1321

Der italienische Dichter Dante Alighieri erkundet in der *Göttlichen Komödie* „sowohl das Schlechteste als auch das Beste, zu denen Menschen fähig sind", schreibt der Literaturwissenschafter Robin Kirkpatrick. „Äußerlich betrachtet beabsichtigt Dante nichts Geringeres, als die gesamte physische und spirituelle Welt zu erforschen."

Das kurz vor seinem Tod vollendete Epos in Versen beginnt mit dem römischen Dichter Vergil, der Dante durch die **Hölle** und das Fegefeuer führt. Beatrice, eine Frau, die Dante liebte und aus der Ferne verehrte, geleitet ihn durch das Paradies. Dichtungen wurden in damaliger Zeit Komödien genannt, wenn sie ein glückliches Ende hatten und nicht in Latein, sondern in der Volkssprache verfasst waren, in diesem Fall Italienisch.

Als Dante in die Unterwelt hinabsteigt, sieht er Sünder, die gemäß ihren Sünden bestraft werden. So müssen Wahrsager mit nach hinten verrenkten Köpfen rückwärts schreiten, sodass sie unfähig sind, das vor ihnen Liegende zu erkennen. Die Gefräßigen sind gezwungen, sich in ihrem Kot zu wälzen. Die Körper der Diebe werden von Schlangen umwunden. Dantes Hölle enthält auch die beiden Flüsse Acheron und Styx aus dem **Hades** der griechischen Mythologie. Die Hölle wird als ein riesiger Trichter dargestellt, der sich zum Mittelpunkt der Erde hin verjüngt, wo Luzifer in alle Ewigkeit sitzen wird. Die Sünder, die weniger Böses getan haben, befinden sich in den oberen Ebenen oder Kreisen der Hölle, während die Sünder mit den schweren Sünden näher am Erdmittelpunkt angesiedelt sind. „Weil diese Idee der Ausgewogenheit alle über Gottes gewählte Strafen in Kenntnis setzt", kommentieren die Herausgeber der SparkNotes, „erscheint Gottes Gerechtigkeit als streng objektiv, mechanisch und unpersönlich ... und die Bestrafung wird fast zu einer Angelegenheit einer wissenschaftlichen Formel."

Nach seiner Wanderung durch die Hölle und den Mittelpunkt der Erde erklimmt Dante den gestuften Läuterungsberg, der auf der Südhalbkugel der Erde liegt. Reumütige Sünder bewohnen die verschiedenen Terrassen des Berges. Auf dem Berggipfel erstreckt sich der Garten Eden. Als Dante schließlich mit Beatrice durch die himmlischen Sphären schwebt, erschaut er im Empyreum Gott, und „Wunsch und Will' ... ward, wie ein Rad, gleichmäßig umschwungen, durch Liebe, die beweget Sonn' und Sterne."

Siehe auch Himmel (um 2400 v. Chr.), Hades (um 850 v. Chr.), Hölle (um 400 v. Chr.), Äußere Finsternis (um 80 n. Chr.)

Dieses 1465 entstandene Fresko des italienischen Malers Domenico di Michelino (1417–1491) zeigt Dante mit einem Exemplar der *Göttlichen Komödie* in der linken Hand, während er mit der rechten nach unten auf die Höllenpforte weist. Im Hintergrund sieht man die Terrassen des Läuterungsberges, oben die Himmelssphären und rechts die Stadt Florenz.

HIMMELSBESTATTUNG

ODORICH VON PORTENAU (UM 1265/1286–1331)

„DIE GEIER SAMMELTEN SICH AM BERGHANG, um zuzuschauen“, schreibt der Journalist Seth Faison. „Unten auf dem grasbedeckten Abhang legte ein tibetischer Mönch den nackten Leichnam einer alten Frau auf eine heilige Lichtung und schritt davon, um sein Messer an der Seite eines Felsens zu schärfen. Er marschierte einmal unter dem Gemurmel eines Gebets um ein altes buddhistisches Denkmal herum und zerstückelte anschließend den toten Körper.“

Willkommen zum alten Ritual der tibetischen Himmelsbestattung, einer Methode zur Entsorgung einer Leiche, indem sie Geiern und anderen Vögeln zumeist auf einem Berg dargeboten wird. Abgesehen davon, dass es als eine großzügige Geste betrachtet werden kann, eine Leiche an die heimischen Lebewesen zurückzugeben, so ist es auch praktisch angesichts der Schwierigkeit, ein Grab im häufig zu harten und felsigen Untergrund im Bergland Tibets auszuheben oder eine Feuerbestattung in Ermangelung von Bäumen durchzuführen. Die Verwandten eines Verstorbenen können in der Nähe bleiben, verzichten aber zumeist darauf, das Ritual zu verfolgen, das als *Jhator* bezeichnet wird, bei dem ein Mönch oder ein *Ragyapa* (Leichenzerteiler) den Leichnam zerteilt. Die Vögel fressen sogar die Knochen, nachdem das Gebein mit Stampfern unter Zugabe von Erde und *Tsampa* (eine Mischung aus Gestenmehl, Tee und Yakbutter) zerkleinert wurde. Die tibetische Himmelsbestattung war von Ende der 1960er-Jahre bis in die 1980er-Jahre von den Chinesen untersagt worden, sie ist heute aber wieder erlaubt und gängige Praxis.

Es ist schwierig, zeitlich festzulegen, wann dieses tibetische Bestattungsritual Brauch wurde. Es scheint sich aber zumindest auf die Zeit der Reise des italienischen Mönchs Odorich von Portenau datieren zu lassen, der 1328 Tibet besuchte. Auch wenn seine Angaben zu örtlichen Bräuchen Verzerrungen enthalten, so berichtet er doch über Priester und Mönche, die Leichen zerstückelten, und beschrieb dann, wie „Adler und Geier aus den Bergen kommen und jeder seinen Bissen ergreift und dann mit sich fortträgt.“

Ähnliche Arten von „Bestattungen“ durch das Ablegen einer Leiche im Freien als Darreichung an Raubtiere wurden auch in anderen Kulturen praktiziert, etwa während der Steinzeit in Britannien. Anhänger des Zoroastrismus, einer alten iranischen Religion, haben durch die Jahrhunderte hindurch ihre Toten auf hohe, zylinderförmige Bauwerke gelegt, die als „Türme des Schweigens“ bekannt sind.

Siehe auch Feuerbestattung (um 20.000 v. Chr.), Beinhäuser (um 1000 v. Chr.), *Das Tibetische Totenbuch* (um 780), Schiffsgräber der Wikinger (834)

Zoroastrische Türme des Schweigens in der iranischen Provinz Yazd.

SCHWARZER TOD

IBN KHALDUN (1332–1406), SHIBASABURO KITASATO (1853–1931), ALEXANDRE YERSIN (1863–1943), NORMAN F. CANTOR (1929–2004)

1347

IM SPÄTEN VIERZEHNTEN JAHRHUNDERT SCHRIEB der arabische Historiker Ibn Khaldun: „Die Zivilisation im Osten wie auch im Westen wurde von einer tödlichen Seuche heimgesucht, die ganze Länder verwüstete und ihre Einwohner verschwinden ließ. Sie verschlang viele der guten Dinge der Zivilisation und löschte sie vollständig aus." Beinahe fünfhundert Jahre später sollte sie als Schwarzer Tod bekannt werden.

Dem Historiker Norman F. Cantor zufolge war „der Schwarze Tod ... die größte biomedizinische Katastrophe in der Geschichte Europas, möglicherweise der Welt." Dieser verheerende Ausbruch der Beulenpest begann vermutlich in Asien, und 1347 wurde sie auch nach Europa eingeschleppt. Einige Schätzungen gehen davon aus, dass weltweit 75 Millionen Menschen starben und die europäische Bevölkerung um ein bis zwei Drittel dezimiert wurde. Es ist wahrscheinlich, dass die gleiche Krankheit in Europa bis ins zwanzigste Jahrhundert hinein mehrmals ausbrach, wobei die Sterberaten variierten. Die Europäer entwickelten schnell Theorien über die Krankheitsursachen, die von astrologischen Kräften über Gottes Zorn bis hin zur Brunnenvergiftung durch Juden reichten. Das Ergebnis war die Ausrottung von Juden, häufig durch Verbrennen, aber auch von Leprakranken und Menschen mit schwerer Akne oder Schuppenflechte.

1894 entdeckten der schweizerisch-französische Arzt Alexandre Yersin und der japanische Arzt Shibasaburo Kitasato schließlich ein Bakterium als Erreger der Beulenpest. Obwohl Wissenschaftler immer noch debattieren, ob alle Pestepidemien tatsächlich die gleiche Krankheit waren, wird das Bakterium *Yersinia pestis* und seine Varianten, die durch Nager und Flöhe übertragen werden, für gewöhnlich als Verursacher angesehen. Menschen, die sich mit dem Pestbakterium infiziert haben, entwickeln Beulen infolge von Anschwellungen der Lymphknoten und sterben innerhalb weniger Tage. Der Journalist Edward Marriott stellt fest: „Pest. Allein schon das Wort hat einen entsetzlichen Klang. Keine andere Krankheit kann ihre apokalyptische Kraft für sich beanspruchen: sie kann jahrhundertelang untätig sein, nur um dann mit der Stärke wiederaufzutauchen, ganze Nationen auszulöschen."

Siehe auch Die vier Reiter der Apokalypse (um 70 n. Chr.), Pestärzte (1619), Aussterben (1796), Sterbehilfe (1872)

Diese Illustration, die die Segnung von Pestopfern durch einen Priester darstellt, stammt aus der vierbändigen Enzyklopädie *Omne Bonum*, die der Geistliche James le Palmer (um 1325–1375) im vierzehnten Jahrhundert in London verfasste und zusammenstellte.

Lee

BANSHEE

WILLIAM BUTLER YEATS (1865–1939)

um 1350

Viele Kulturen hatten durch die Jahrhunderte hindurch Mythen rundum Naturerscheinungen und Wesen oder Tiere, die als Omen des Todes galten. So hielt man Vögel, die an ein Fenster klopften, Uhren, die stehenblieben, und schwarze Katzen, die einem über den Weg liefen, für Vorzeichen von Unglück und Tod.

Im Volksglauben Irlands waren Banshees weibliche Geister, deren Wehklagen den nahen Tod eines Menschen ankündigte. Im Laufe der Zeit haben sich in den Legenden verschiedene Formen von Banshees herausgebildet. Erste Beschreibungen von Banshees finden sich in einer um 1350 verfassten Schrift des irischen Historikers Sean Mac Craith mit dem Titel *Cathreim Thoirdhealbhaigh* (engl. *Triumphs of Turlough*). Obwohl sein Werk geschichtliche Bedeutung hat durch die Darstellung der Kriege zwischen den Iren und dem anglonormannischen Adelsgeschlecht der de Clare, so umfasst es doch auch Fantasieteile, in denen Banshees als Frauen geschildert wurden, von denen eine wunderschön war, andere aber hässlich waren und von zerstückelten Leichen umgeben wurden. Die hässlichen Banshees prophezeiten den Tod sowohl von irischen als auch normannischen Kämpfern. Die Befehlshaber beider Seiten ignorierten die Banshees jedoch und setzten den Kampf unverdrossen fort, was zu noch mehr Toten führte. In vielen Legenden warnten sie aber ausschließlich alteingesessene irische Familien.

Verschiedene keltische Länder besaßen ähnliche Legenden, in denen Todesomen wie Lichter oder Flammen vorkamen, die Erzählungen zufolge nahe am Boden verliefen und sich auf der Strecke vom Friedhof zum Haus eines Sterbenden und wieder zurück zum Friedhof bewegten. Der Begriff *Irrlicht* oder *Irrwisch* (engl. *will-o'-wisp* oder *corpse fire*) wird für Lichtphänomene unter anderem auf Friedhöfen verwendet, die als Todesvorzeichen gedeutet wurden und den Weg einer zukünftigen Bestattung anzeigten. In Verwandtschaft zu diesen Erscheinungen stand die der Banshee ähnliche *Bean-nighe*, eine Fee, die im schottischen Volksglauben als Todesbotin angesehen wurde. Dieses Wesen wanderte den Sagen nach an Bächen entlang und wusch dort die Totenhemden für Todgeweihte.

1893 schrieb der irische Dichter W. B. Yeats über diese Arten von Wesen: „Er [Paddy Flynn] hatte oft merkwürdige Visionen ... Ich fragte ihn, ob er je die Elfen gesehen habe ... Ich fragte ihn auch, ob er je die Banshee, die Todesfee, gesehen habe. ‚Ich habe sie unten am Wasser gesehen', sagte er, ‚als sie mit den Händen auf den Fluss einschlug.'"

Siehe auch Die Hexe von Endor (um 1007 v. Chr.), Gespenster (um 100 n. Chr.), Séance (1848)

Die „Bunworth Banshee". Diese Abbildung stammt aus einer Märchensammlung mit dem Titel *Fairy Legends and Traditions of the South of Ireland*, die Thomas Crofton Croker (1798–1854) 1825 veröffentlichte und die 1826 unter dem Titel *Irische Elfenmärchen* von den Gebrüdern Grimm ins Deutsche übertragen wurde.

Le Petit Journal

ADMINISTRATION
61, RUE LAFAYETTE, 61

Les manuscrits ne sont pas rendus

On s'abonne sans frais dans tous les bureaux de poste

5 CENT. SUPPLÉMENT ILLUSTRÉ 5 CENT.

23me Année — Numéro 1.150

DIMANCHE 1er DÉCEMBRE 1912

ABONNEMENTS

	SIX MOIS	UN AN
SEINE et SEINE-ET-OISE..	2 fr.	3 fr. 50
DÉPARTEMENTS..........	2 fr.	4 fr. »
ÉTRANGER....	2 50	5 fr. »

LE CHOLÉRA

SENSENMANN

ALBRECHT DÜRER (1471–1528)

1424

„Von der Bronzezeit bis zum Atomzeitalter ist der Tod auf verschiedene Weise künstlerisch personifiziert und symbolisiert worden“, schreibt der Psychologe Lewis R. Aiken. Abbildungen dieser Art reichen von großen schwarzen geierähnlichen Vögeln, die in steinzeitlichen Siedlungen in der heutigen Türkei kopflose menschliche Leichname angreifen, bis hin zu Reitern auf fahlen Pferden in der Apokalypse des Neuen Testaments. Die im Westen vielleicht bekannteste Personifikation des Todes ist die des Sensenmannes, eines Skeletts mit Kapuzenumhang und einer riesigen Sense. Diese Darstellung kam um das vierzehnte Jahrhundert im Zusammenhang mit der Pest auf und wurde vom fünfzehnten Jahrhundert an üblich. Die Sense, ein Gerät mit Blatt zum Mähen, wurde zur Metapher für die „Ernte“ von Millionen Menschen, die in Europa durch die Pest dahingerafft wurden.

Das 1424 gestaltete Fresko eines *Danse macabre* (Totentanz) an einer Wand des Pariser Friedhofs der Unschuldigen (Cimitière des Innocents) zeigte ebenfalls Gerippe, die den Tod versinnbildlichten. Andere Bilder von Menschen, die mit Skeletten tanzen, dienten dazu, den Betrachter daran zu erinnern, dass der Tod allgegenwärtig war. Diese Darstellungsformen waren ebenfalls bekannt als Memento mori. („Bedenke, dass du sterben musst“.) Eine interessante Abwandlung des Themas schuf der deutsche Maler, Zeichner und Kupferstecher Albrecht Dürer in seiner 1505 angefertigten Zeichnung eines Sensenmannes, der auf einem abgemergelten Pferd reitet.

Personifikationen des Todes mit skelettartigen Elementen kommen in vielen Kulturen vor. So haben die Iren den *Dullahan*, einen kopflosen Reiter auf einem schwarzen Pferd mit einer Peitsche, die aus einem menschlichen Rückgrat besteht. In Polen ist der Tod manchmal in Gestalt eines Skeletts einer alten Frau dargestellt worden. San La Muerte („heiliger Tod“), ein männliches Skelett mit einem Kapuzenumhang, wird als Volksheiliger in Südamerika verehrt, während der Santa Muerte, einem weiblichen Skelett mit Kutte, Sense und Globus, vor allem in Mexiko gehuldigt wird. Interessanterweise verkündete der Präsident des Päpstlichen Kulturrates 2013, dass die mexikanische „Volksheilige des Todes“ ein „blasphemisches Symbol“ sei und nicht Teil irgendeiner Religion sein könne.

Siehe auch Yama (um 1100 v. Chr.), Die vier Reiter der Apokalypse (um 70 n. Chr.), *Tod eines Geizhalses* (um 1490), Tag der Toten (1519), Pestärzte (1619), Totenkopfschwärmer (1846), *Im Garten des Todes* (1896)

Diese Illustration in der Zeitung *Le Petit Journal* (Dezember 1912) zeigt, wie der Sensenmann den Massen die tödliche Seuche Cholera bringt.

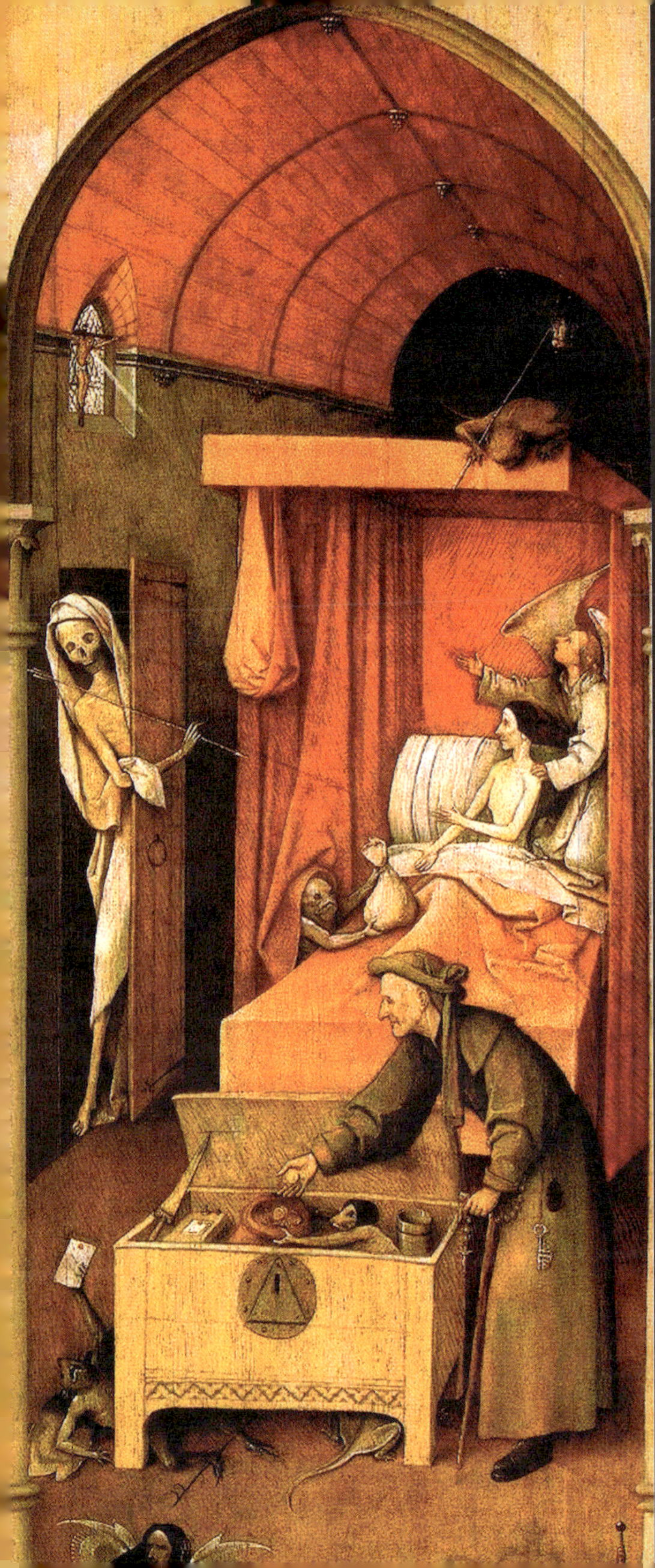

TOD EINES GEIZHALSES

HIERONYMUS BOSCH (UM 1450–1516)

um 1490

DEM KUNSTHISTORIKER WALTER BOSING zufolge beschenkt der niederländische Maler Hieronymus Bosch den Betrachter mit „einer Welt aus Träumen und Albträumen, in der Formen zu flackern und sich vor unseren Augen zu verändern scheinen." Oft überfrachtet mit fantastischen Figuren, die religiöse und moralische Themen darstellen, wird jedes Gemälde zu einem Rätsel, das es zu erforschen gilt. Erwin Panofsky schreibt in *Early Netherlandish Painting*: „Trotz all der geistreichen, gelehrten und teilweise sehr nützlichen Forschung, die sich der Aufgabe widmete, ‚Bosch zu entschlüsseln', werde ich das Gefühl nicht los, dass das wirkliche Geheimnis seiner großartigen Albträume und Tagträume immer noch offenbart werden muss. Wir haben einige Löcher durch die Tür eines verschlossenen Raums gebohrt; aber irgendwie scheinen wir den Schlüssel nicht entdeckt zu haben."

Boschs Gemälde *Tod eines Geizhalses* (um 1490) ist eine Art Memento mori („bedenke, dass du sterben musst") und thematisiert die Unvermeidlichkeit des Todes. Das Bild zeigt einen Sterbenden, der die Wahl zwischen spirituellen und materiellen Reichtümern hat. Ein Dämon scheint ihm einen Sack voller Münzen anzubieten oder zu entwenden, während ein Engel mit erhebender Gebärde auf ein Kruzifix und einen Lichtstrahl deutet. Der Tod in Gestalt eines verhüllten Skeletts richtet einen Pfeil auf den Mann, ein Hinweis, dass der Tag des Gerichts gekommen ist. Im Vordergrund sieht man einen Geizhals, der mit der einen Hand Goldmünzen in eine Truhe legt und mit der anderen einen Rosenkranz hält, was in einigen Bildanalysen als Darstellung des sterbenden Geizhalses in verschiedenen Stadien seines Lebens interpretiert wird. Weitere dämonische Figuren und Teufelchen könnten sich im Zimmer mit der Absicht aufhalten, ihn zu verhöhnen und ihm seine Schätze zu stehlen. Der Betrachter kann nicht einschätzen, ob der Todgeweihte das angebotene Licht und Heil des Engels Geld und irdischen Belangen vorziehen wird.

Ein weiteres berühmtes Bild Boschs ist der *Garten der Lüste*, ein Triptychon, das auf dem linken Flügel Gott abbildet, der Eva Adam zur Frau gibt. Die auf dem Mittelflügel dargebotene Szene ist komplex und rätselhaft, die unter anderem Nackte, seltsame Tiere, riesige Früchte und andere Gegenstände enthält. Der rechte Flügel ist Schauplatz eines dunklen Höllenreichs, das auch mit Menschen und mysteriösen Kreaturen bevölkert ist. Diese Gemälde sind eine Warnung an den Betrachter vor der Höllenglut, die diejenigen erwartet, die die Freuden des Lebens übertreiben.

Siehe auch Hölle (um 400 v. Chr.), Dantes *Göttliche Komödie* (1321), Sensenmann (1424), Tag der Toten (1519), *Im Garten des Todes* (1896)

Hieronymus Bosch, ***Tod eines Geizhalses***, Öl auf Eichenholz, 92,6 x 30,8 cm.

TAG DER TOTEN

HERNÁN CORTÉS DE MONROY Y PIZARRO ALTAMIRANO (1485–1547), JOSÉ GUADALUPE POSADA (1852–1913), OCTAVIO PAZ LOZANO (1914–1998)

1519

„Es mag Menschen aus anderen Kulturen fremdartig vorkommen, dass ein den Toten gewidmetes Fest ein fröhlicher Anlass sein sollte, aber der Tag der Toten ist genau das", schreiben Kitty Williams und Stevie Mack. „Indem Ehrerbietung für die Toten kombiniert wird mit … einer gewissen Verhöhnung des Todes selbst, ist der Tag der Toten eine pulsierende und farbenprächtige Demonstration des Lebens."

Der Tag der Toten ist ein mexikanischer Feiertag, an dem der Verstorbenen gedacht wird. Es gehört zur Tradition des zumeist am 1. und 2. November begangenen Gedenktags – der auch in Spanien, in weiten Teilen Lateinamerikas und anderen Ländern gefeiert wird – dass private Altäre gebaut werden, um die Toten zu ehren und die Seelen der Verstorbenen in die Wohnungen einzuladen, wo Totenschädel aus Zucker ebenso allgegenwärtig sind wie die leuchtenden orangefarbigen Ringelblumen. Die Gräber werden besucht, gereinigt und mit *ofrendas* (Opfergaben) geschmückt.

Die Anfänge dieses Fests könnten zurückreichen bis zu den Zeremonien der Azteken zu Ehren der Göttin Mictlancihuatl, der Herrscherin des Totenreichs und „Herrin des Todes". Die moderne Variante dieses Feiertags verschmilzt diese alten, auf vorspanischen Traditionen beruhenden Naturrituale mit den katholischen Festen Allerheiligen (Gedenktag aller Heiligen und derjenigen, „die schon an der Herrlichkeit Gottes teilhaben") und Allerseelen (Gedächtnis aller Verstorbenen, vor allem der Toten, „die sich noch im Reinigungszustand befinden"). Dieser Prozess begann nach der Landung des spanischen Konquistadoren Hernán Cortés 1519 in Mexiko und setzte sich fort, als der Katholizismus allmählich die vorherrschende Religion wurde. Mitte des 18. Jahrhunderts ähnelten die Feiern zum Tag der Toten im Wesentlichen denen, die auch heute praktiziert werden. Im 20. Jahrhundert wurde *La Calavera Catrina*, Titel eines von der Göttin Mictlancihuatl angeregten Kupferstichs des mexikanischen Grafikers José Guadalupe Posada, zur Ikone des Fests.

Der mexikanische Schriftsteller Octavio Paz schreibt in seinem Essay „Das Labyrinth der Einsamkeit": „Das Wort Tod wird weder in New York noch in Paris oder in London ausgesprochen, weil es die Lippen verbrennt. Der Mexikaner sucht, streichelt, foppt, feiert den Tod, schläft mit ihm. Vielleicht quält ihn ebenso die Angst vor ihm wie die anderen, aber er versteckt sich nicht vor ihm noch verheimlicht er ihn, sondern sieht ihm mit Geduld, Verachtung oder Ironie frei ins Gesicht."

Siehe auch Xibalba (um 100 v. Chr.), Sensenmann (1424), *Tod eines Geizhalses* (um 1490), Trauerzug (um 1590), Geistertanz (1890), *Im Garten des Todes* (1896)

Skulptur der *La Calavera Catrina*. Der zugrunde liegende Kupferstich „Die elegante Skelettdame" des Grafikers José Guadalupe Posada (1851–1913) von 1913 wurde nicht nur zur Ikone für die Festlichkeiten am Tag der Toten, sondern karikierte auch die mexikanische Oberklasse zu Beginn des 20. Jahrhunderts.

לם

GOLEM

JUDAH LÖW BEN BEZALEL (UM 1520–1609)

1580

Ein Golem ist in der jüdischen Mystik ein zum Leben erwecktes menschenähnliches Geschöpf aus Ton oder Lehm, das die unheimlichen Grenzen zwischen Leben und Tod sowie dem Bewussten und Unbewussten überschreitet und dabei Fragen aufwirft über die Willensfreiheit und die Risiken, Gott zu spielen. Der vielleicht berühmteste Golem ist der, den der Prager Rabbi Judah Löw im Prag des 16. Jahrhunderts geschaffen haben soll, um 1580 die Juden des Prager Ghettos vor antisemitischen Angriffen zu schützen. Der als Jossele bekannte Golem besaß die Fähigkeit, sich unsichtbar zu machen und die Geister der Toten herbeizurufen, wenngleich er nicht am Sabbat belebt werden konnte.

Einem Golem werden für gewöhnlich magische oder religiöse Wörter einbeschrieben, die ihn lebendig machen. So schrieben der Legende nach Golem-Schöpfer den Namen Gottes auf seine Stirn oder auf ein Tontäfelchen oder ein Stück Papier, das sie unter seine Zunge legten. Auch auf andere Weise kann einem Golem Leben eingehaucht werden, indem ihm nämlich das Wort *emet* (hebr. für „Wahrheit") auf der Stirn platziert wird. Wird der erste Buchstabe in *emet* entfernt, ergibt sich das Wort *met* (hebr. für „Tod"), das den Golem wieder in leblose Materie zurückverwandelt. Einige andere alte Rezepte zur Erschaffung eines Golems erforderten eine Person, die jeden Buchstaben des hebräischen Alphabets mit jedem Buchstaben des *Tetragramms* JHWH, dem hebräischen Namen Gottes, kombiniert und jedes entstehende Buchstabenpaar mit jedem möglichen Vokal ausspricht. Das Tetragramm dient als „Aktivierungswort", um die Wirklichkeit zu durchbrechen und das Wesen zu erwecken.

Das Wort *Golem* erscheint nur an einer einzigen Stelle in der Bibel (Psalm 139,16), wo es sich auf eine unfertige und formlose Masse bezieht. In einer modernisierten Bibelversion lautet der Vers folgendermaßen: „Deine Augen sahen mich, da ich noch nicht bereitet war, und alle Tage waren in dein Buch geschrieben, die noch werden sollten und von denen keiner da war." Im modernen Hebräisch bezeichnet *golem* etwas, das „hirnlos" oder „hilflos" ist. In der Literatur wird ein Golem daher als stumpfsinnige Kreatur beschrieben, die aber in der Lage ist, einfache, repetitive Aufgaben zu erfüllen. Die eigentliche Herausforderung für Schöpfer eines Golems bestand deshalb darin, festzulegen, wie der Golem daran gehindert werden konnte, eine Tätigkeit auszuführen oder zu wiederholen.

Siehe auch Terrakotta-Armee (um 210 v. Chr.), Auferstehung (um 30 n. Chr.), *Frankenstein* (1818), Cotard-Syndrom (1880), Lovecrafts Wiedererwecker (1922), Zombies (1968)

Rabbi Löw und der Golem, Zeichnung von 1899 des böhmischen Künstlers Mikoláš Aleš (1852–1913).

um 1590

TRAUERZUG

„Es lässt sich darüber streiten, ob Menschen menschlich wurden, als sie zum ersten Mal ein Grab mit Gegenständen schmückten", schreibt die Autorin Katy Benjamin. Im Beitrag über **Natufische Trauerblumen** (um 11.000 v. Chr.) lässt sich nachlesen, dass damals bereits Gräber mit Blumen eingefasst wurden und es Hinweise auf einen Leichenschmaus bei einigen Bestattungen gibt. Schon in frühen Zeiten standen verschiedene Völker mit ihren Toten in Verbindung, denen Respekt durch Rituale bei Begräbnisumzügen erwiesen wurde. So trugen Menschen im alten Rom manchmal bei einem Leichenzug für einen vornehmen Römer Masken mit den Antlitzen der toten Familienvorfahren, und in vielen Kulturen wurden gewerbsmäßige Klageweiber angeheuert, um ein lautes Wehgeschrei zu erheben. Im Gegensatz dazu wurden in Europa zwischen 1600 und 1800 hin und wieder „stumme Leichenbegleiter" mit dunkler Kleidung und Trauermiene verpflichtet.

Die Särge der Verstorbenen wurden durch die Geschichte hindurch in Prozessionen auf Leichen- oder Totenwegen von der Kirche zur letzten Ruhestätte auf einem oft etwas entlegenen **Friedhof** transportiert. Dem Volksglauben nach gehen vom Friedhof aber auch „Geisterwege" aus, auf denen Elfen, Gespenster und die Geister der Toten sich in gerader Linie über die Landschaft bewegen, weshalb ein Trauerzug niemals den „kürzesten Weg" (also den Luftweg) nehmen darf.

In der Regel findet in Deutschland die Trauerfeier in einer Friedhofskapelle statt. Der anschließende Trauerzug folgt dem Sarg zur Grabstelle, wo der Sarg dann in das Erdgrab herabgelassen wird. Der Transport des Leichnams zum Ort der Aufbahrung, für gewöhnlich die Leichenhalle eines Friedhofs, wird heute mit einem speziellen Fahrzeug durchgeführt, dem Leichenwagen. Eine typische Jazz-Beerdigung in New Orleans ist ein Marsch mit einer Jazz-Kapelle, deren düstere Musik während der Prozession nach der Beerdigung fröhlicher wird. Im Hinduismus ist der Trauerzug vom Haus des Verstorbenen zum Platz der öffentlichen **Feuerbestattung** reine Männersache, wobei der Haupttrauernde (zumeist der erstgeborene Sohn) den Scheiterhaufen entzündet.

Der Pädagoge Bill Hoy stellt fest: „Bestattungsriten können analysiert werden, um das Verständnis für kulturelle Werte in Bezug auf den Tod zu erhöhen, um dann daraus eine Sichtweise abzuleiten, wie Menschen einem Verlust Bedeutung verleihen, und um das Bewusstsein zu schärfen, wie Menschen aus dieser kulturellen Gruppe im Anschluss an den Tod einer geliebten Person einander durch Riten unterstützen."

Siehe auch Feuerbestattung (um 20.000 v. Chr.), Natufische Trauerblumen (um 11.000 v. Chr.), Särge (um 4000 v. Chr.), Schiffsgräber der Wikinger (834), Banshee (um 1350), Tag der Toten (1519), Friedhöfe (1831), Einbalsamierung (1867)

Der Trauerzug der Liebe, Gemälde des französischen Malers Henri Lerambert (um 1550–1609).

Dr. Doctor Schna- bel von Rom
Vos Creditis, als eine fabel,
quod scribitur vom Doctor Schnabel,
der fugit die Contagion
et aufert seinen Lohn darvon.
Cadavera sucht er zu fristen
gleich wie der Corvus auf der Misten.
Ah Credite, zihet nicht dort hin,
dann Romæ regnat die Pestin.
Quis non deberet sehr erschrecken
für seiner Virgul oder stecken,
qua loquitur, als wär er stumm,
und deutet sein Consilium.
Wie mancher Credit ohne zweiffel
das ihn tentir ein schwartzer Teuffel,
Marsupium heist seine Höll,
und aurum die geholte seel.
I. Columbina. ad vivum delineavit.
Paulus Fürst. Excudt.
Kleidüng wider den Tod zü Rom. Anno 1656.
Also gehen die Doctores Medici daher zü Rom, wann sie die, an der Pest erkranckte Personen besüchen, sie zü curiren ünd fragen, sich vor dem Gifft zü sichern, ein langes Kleid von gewärtem Tüch ihr Angesicht ist verlarvt, für den Aügen haben sie grosse Crÿstalline Brillen, vor den Nasen einen langen Schnabel voll wolriechender Specereÿ, in der Hände, welche mit Handschühen wol versehen ist, eine lange Rüthe ünd darmit deüten sie, was man thün, ünd gebraüchen soll.

Pestärzte

Charles de Lorme (1584–1678)

„Im europäischen Mittelalter geboren zu werden, war wie das Ziehen eine Niete in der historischen Lotterie“, schreibt die Gesundheitsexpertin Jackie Rosenhek. „Es herrschte Aberglaube, und Elend war die Regel .... unter den langmütigen Leibeigenen.“ Die Menschen kannten „Krankheit und Hunger nur zu gut“, fürchteten „den Zorn eines rachsüchtigen Gottes“ und starben oft jung.

Pestärzte waren spezielle medizinische „Ärzte“, die versuchten, die Armen während der Zeit des Schwarzen Todes zu behandeln, der mehr als 75 Millionen Todesopfer forderte und seinen Höhepunkt in Europa um 1350 hatte. Obwohl viele Pestärzte eine nur rudimentäre Ausbildung hatten, wurden sie von einer ganzen Reihe Städte bezahlt, um sich um die Betroffenen zu kümmern, um Aufzeichnungen der Todesfälle zu machen und um manchmal bei der Durchführung eines Testaments Hilfestellung zu leisten. Im siebzehnten und achtzehnten Jahrhundert trugen manche Pestärzte schnabelartige Masken, die mit aromatischen Substanzen wie Lavendel, Rosenöl, Nelke, Minze, Kampfer, Ambra, Gewürznelke, Myrrhe und Essig gefüllt waren. Dies war eine Epoche vor der wissenschaftlichen Entdeckung von krankheitsauslösenden Bakterien, und so wurden schlechte Gerüche mit „Miasmen“ assoziiert, von denen man annahm, dass sie Krankheiten verursachten, die man mit den Gerüchen in der Schnabelmaske abwehren könnte. Pestärzte konnten leider nur wenig tun, um den von der Pest befallenen Menschen zu helfen. Viele Pestärzte wandten Aderlässe an oder setzten Frösche auf die Bubonen, die Schwellungen der Lymphknoten bei den Pestopfern.

1619 führte der französische Arzt Charles de Lorme die furchteinflößende Schnabelkleidung ein, die oft aus einem langen, gewachsten Schutzumhang bestand, einer Maske mit Augenöffnungen aus Glas und einem breitkrempigen Lederhut oder einer Lederhaube. Der Schnabel konnte Stroh enthalten, um die übelriechende „schädliche Luft“ zu filtern. Die Pestärzte besaßen zudem einen Holzstab, um die Patienten ohne direkten Kontakt untersuchen zu können.

Obwohl de Lorme 96 Jahre alt wurde, was in Zeiten der Epidemien eine beachtliche Leistung war, so konnte seine berühmte Schutzkleidung nur unwesentlich die Verbreitung der Krankheit verhindern. Rosenhek kommentiert: „Die Schnabeldoktoren, wie man sie nannte, fielen um wie die Fliegen oder standen ziemlich häufig unter Quarantäne und irrten auf den Land- und Stadtstraßen wie Parias umher ... bis verzweifelte Familien sie brauchten.“

Siehe auch Die vier Reiter der Apokalypse (um 70 n. Chr.), Schwarzer Tod (1347), Sensenmann (1424), Totengräber (1651), Aussterben (1796), Sterbehilfe (1872)

Dieser Kupferstich von um 1656, den der deutsche Buch- und Kunsthändler Paul Fürst (1608–1666) veröffentlichte und möglicherweise auch herstellte, zeigt „Doctor Schnabel“, einen römischen Pestarzt, der die für die damalige Zeit typische Schutzkleidung trägt.

KINDER UND CAPACOCHA

1622

Stellen Sie sich vor, Sie wären ein Inka-Kind, das auf seine Opferung oder *Capacocha* vorbereitet würde und nur deshalb ausgewählt wurde, weil es besonders reizvoll und ohne Makel war. Während der Zeitpunkt seines Todes auf einem Andengipfel immer näher rückte, wurde es vermutlich mit Koka-Blättern betäubt und erhielt das vergorene Maisgetränk *Chicha*. Schließlich wurde das Kind in ein ausgeschachtetes Grab gesetzt und lebendig eingemauert, um dann bei den eisigen Temperaturen zu erfrieren. Vielleicht kam es aber auch durch Strangulieren oder einen Schlag auf den Kopf zu Tode.

Willkommen im rätselhaften und gruseligen Reich der Inka, der mächtigen Zivilisation, die irgendwann im dreizehnten Jahrhundert in Peru entstanden ist. Solche Opferrituale wurden anlässlich wichtiger Ereignisse durchgeführt, etwa nach einem Erdbeben oder dem Tod des Herrschers oder während einer Dürre. Dieser Eintrag ist auf 1622 datiert, da in diesem Jahr der spanische Chronist und Priester Rodrigo Hernández Principe einen Bericht über Tanta Carhua vorlegte, ein zehnjähriges Mädchen, das zum Herrscher in die Inka-Hauptstadt Cusco gebracht wurde, bevor man es in die Berge führte, wo es geopfert wurde. In den 1990er-Jahren wurden mehrere Mumien geopferter Kinder im Alter von sechs bis 15 Jahren nahe dem Gipfel des Andenvulkans Llullaillaco gefunden, die infolge der Kälte gut konserviert waren.

Andere amerikanische Indianerkulturen praktizierten ebenfalls Rituale mit Kinderopfern. In der Kunst der Maya wird beispielsweise das Herausreißen eines schlagenden Kinderherzens zu speziellen Anlässen dargestellt, etwa wenn ein Maya-König den Thron bestieg. Enthauptete Kinder wurden in den Ruinen der Tolteken entdeckt. Die Azteken opferten kleine Kinder zu Ehren ihres Regengottes, da sie die Kindertränen, die während der schmerzvollen Prozedur auf die Erde fielen, in Verbindung mit Regentropfen brachten. Der Stamm der nordamerikanischen Pawnee beging in jedem Frühling die Morgenstern-Zeremonie, für die man ein junges Mädchen gefangen nahm, das man einige Zeit lang gut behandelte, ehe es geopfert wurde. Die Pawnee glaubten, dass das Blut, das aus den Wunden des mit Pfeilen durchbohrten Körpers die Erde tränkte, einen fruchtbaren Boden hervorbringen würde. Die letzte Pawnee-Opferung fand am 22. April 1838 statt, als die vierzehnjährige Haxti vom Stamm der Oglala-Lakota getötet wurde.

Siehe auch Terrakotta-Armee (um 210 v. Chr.), Xibalba (um 100 v. Chr.), Geistertanz (1890), Kamikazepiloten (1944)

Der gut erhaltene „Junge vom El Plomo" wurde 1954 auf einem 5400 m hohen Gipfel des El Plomo-Massivs entdeckt. Anschließende Untersuchungen ergaben, dass der Junge, der vor rund 500 Jahren von den Inka geopfert wurde, aus einer wohlhabenden Familie stammte. Diese Nachbildung, die die typischen Grabbeigaben einer Kinderopferung zeigt, wird im Museo Nacional de Historia Natural de Chile in Santiago de Chile ausgestellt.

TOTENGRÄBER

MIQUEL PARETS (1610–1661)

Miquel Parets, ein in Barcelona politisch aktiver Gerber, führte ein Tagebuch, das auch seine lebhafte Schilderung von Totengräbern während eines entsetzlichen Ausbruchs der Beulenpest 1651 in der Stadt enthält. Parets beschreibt insbesondere Karren, die durch die Stadt geschoben wurden, um Leichen aufzusammeln, die oft „aus den Fenstern auf die Straße geworfen wurden", um dann von den Totengräbern abtransportiert zu werden, „die sich in das Spiel ihrer Gitarren und Tambourins vertiefen ... um solch schweres Leid zu vergessen – allein die Erinnerung daran reicht schon aus, um mit diesem erbärmlichen Leben Schluss machen zu wollen." Nachdem die Karren gefüllt waren, begruben die Totengräber die Leichen in einem Feld nahe einem Kloster. Wenn die Karren beladen wurden, kamen Tragen zum Einsatz, und oft mussten die Totengräber „tote Säuglinge und andere an der Pest tödlich erkrankte Kinder auf ihren Rücken tragen." Parets selbst verlor seine Frau und seine drei Kinder, während die Pest in Barcelona wütete.

In vielen Kulturen galten Totengräber früher als „unrein". So wurden in Japan und Indien Totengräber oft gemieden oder von der Gesellschaft ignoriert. In einigen Staaten Polynesiens und Melanesiens durfte eine Person, die einen Leichnam berührt hatte, für einen längeren Zeitraum keine Nahrungsmittel anfassen. Der Autorin Christine Quigley zufolge haben Christen einige dieser Tabus überwunden, indem sich eine neue Sichtweise auf den Leichnam durchsetzte und formelle Rituale des Abschiednehmens und der Bestattung entwickelt wurden, sodass „man dem Klerus und dem Laienstand erlaubte, den Toten ohne Furcht zu berühren und sogar zu küssen."

Im 18. und 19. Jahrhundert ließen sich einige Totengräber aufgrund ihrer genauen Kenntnisse der Örtlichkeit und des Erhaltungszustands von bestatteten Leichen dazu verleiten, sich von Grabräubern bestechen zu lassen, die Leichen für anatomische Zwecke suchten. In Deutschland sind Totengräber entweder Angestellte der Friedhofsverwaltung oder Mitarbeiter eines Steinmetzbetriebs oder Bestattungsunternehmens. Manchmal werden Gräber noch mit einem Spaten ausgehoben, in Industrieländern werden üblicherweise dafür aber Bagger eingesetzt.

Siehe auch Grabsteine (um 1600 v. Chr.), Pestärzte (1619), Sündenesser (1825), Friedhöfe (1831), Grabräuber (1832), Schwabes *Der Tod des Totengräbers* (1895)

Ein Totengräber hält den Schädel des „armen Yorick" empor in einer berühmten Szene aus William Shakespeares (1564–1616) Stück *Hamlet*. Dieses Gemälde mit dem Titel *Hamlet und Horatio auf dem Friedhof* schuf 1839 der französische Maler Eugène Delacroix (1798–1863).

THE LATE MR. R. W. THOMSON, C.E., OF EDINBURGH.

family seat in Nottinghamshire. He fused the usual retiring pension. Lo Ossington had married, in July, 18 Lady Charlotte Cavendish Bentinck, th daughter of William, fourth Duke of Po land; but by his marriage had no iss His title, therefore, has become extin Several of his Lordship's brothers rose eminence in their respective professio

The Portrait of Lord Ossington is fro photograph by Mr. Mayall, of Rege street.

THE LATE MR. R. W. THOMSO

This distinguished Scottish engineer inventor of the locomotive traction ste engine, with broad indiarubber tires on driving wheels, for use on common ro also of the portable steam-crane and elliptic rotary engine, as well as of an proved hydraulic floating dock ; and s of his inventions have, from time to ti been described in our Journal. He die Edinburgh on the 8th inst., in the fifty-f year of his age, having been born in 18 at Stonehaven, where his father had est lished a factory. In early youth he show great talents for mechanical science, a after spending two years of his boyhood America, served a practical apprentices in workshops at Aberdeen and Dundee, lowed by learning the profession of a c engineer at Glasgow, and subsequently w his cousin, Mr. Lyon, builder of the D Bridge at Edinburgh. He was employ in the blasting of Dunbar Castle, and that of Dover Cliff, where he first appl the method of firing mines by electric He next passed into the employment of Stephensons, as a railway engineer in Eastern Counties. In 1852 he went Java, to erect the machinery of a sug plantation, which he greatly improved, a becoming a partner in the estate, resid there till 1862, when he came home a settled at Edinburgh. The portrait froma photograph by Mr. Peterson, Copenhagen.

NACHRUFE

JOHN NICHOLS (1745–1826)

Wird sich die Welt nach Ihrem Tod an irgendetwas erinnern, das Sie gemacht haben? Die Lebensläufe der meisten von uns werden niemals in einem Nachruf der *New York Times* erscheinen oder von einem Nachrichtenmoderator im Fernsehen besprochen. Ihre Urenkel bewahren vielleicht noch einen Rest Erinnerung an Sie auf, der aber schon bald vergehen wird wie glühende Asche, und wenn sie sterben, dann könnten auch Sie ausgelöscht und vergessen werden.

Nachrufe sind normalerweise Nachrichtenartikel, die Einzelheiten aus dem Leben eines Menschen aufführen, der kürzlich verstorben ist. Todesmeldungen und -anzeigen gab es natürlich bereits vor dem Aufkommen von Zeitungen. In vielen europäischen Ländern wurde ein Todesfall beispielsweise durch Glockenläuten verkündet und die Bekanntmachungen von Begräbnissen wurden an Gebäudefenstern ausgehängt. Im Mittealter wurden in Dom- und Kollegiatstiften, in Klöstern und Pfarrkirchen Nekrologien (Jahrzeitbücher) geführt, die manchmal Angaben zu Titel, Abstammung oder Stiftungen eines Verstorbenen enthielten und für die Tagesgebete der Kapitelversammlungen herangezogen wurden.

Zu den ersten modernen Nachrufen in Periodika zählen diejenigen, die in der 1731 gegründeten und in London publizierten Zeitschrift *The Gentleman's Magazine* abgedruckt wurden und den Standard für viele zukünftige Periodika setzten, vor allem seit 1778, als John Nichols Herausgeber des Magazins war. Forscher können viel aus Nachrufen erfahren, weil Nekrologe tendenziell widerspiegeln, was Kulturen an einem Verstorben wertschätzen und von ihm in Erinnerung behalten wollen, aber zugleich auch Einblicke gewähren in die jeweiligen gesellschaftlichen Rollen von Männern und Frauen. Der Pädagogin Janice Hume zufolge „tragen Nachrufe zum Wohl einer Gesellschaft bei, indem sie sie insgesamt stärken und die Bedeutung ihrer einzelnen Mitglieder herausstellen."

Auch heute noch sind Nachrufe äußerst beliebt. David Bowman, ehemaliger Chefredakteur des *Sydney Morning Herald* kommentiert: „In einer Epoche verwirrenden Wandels macht es einem vielleicht Mut herauszufinden, wie andere ihre Zeiten überlebt haben. Nach wie vor bilden die besten Nachrufe das Leben ab; sie handeln nicht vom Tod."

Siehe auch Epitaphe (um 480 v. Chr.), Totenschein (1770), Letzte Worte Sterbender (1922)

Nachruf auf den schottischen Erfinder Robert Thomson (1822–1873), der am 29. März 1873 in *The Illustrated London News* erschien, einem der weltweit ersten illustrierten und wöchentlich herausgegebenen Nachrichtenmagazine. Thomson war berühmt für seine Erfindungen, darunter vulkanisierte Gummireifen, Dampfmaschinen oder Füllfederhalter.

MORS ULT
MA LINEA
RERUM
Andr. Stoc. Scul.

AUTOPSIE

FRIEDRICH II. VON HOHENSTAUFEN (1194–1250), GIOVANNI BATTISTA MORGAGNI (1682–1771), CARL VON ROKITANSKY (1804–1878), RUDOLF LUDWIG KARL VIRCHOW (1821–1902)

1761

„Nach meinem Tod wünsche ich eine Autopsie“, wies Napoleon Bonaparte seinen Leibarzt an. „Geben Sie den ausführlichen Befund an meinen Sohn. Raten Sie ihm zu Arzneimitteln oder einer Lebensweise, durch die er seinem Leiden vorbeugen kann. ... Dies ist ungeheuer wichtig, denn mein Vater starb ... mit ganz ähnlichen Symptomen, wie ich sie habe.“ Napoleon litt an Erbrechen und Fieber, seine spätere Autopsie ergab Magenkrebs.

Eine Autopsie ist die genaue medizinische Untersuchung eines Leichnams zur Klärung der Todesursache. Eines der frühesten Gesetze, die die Humansektion in Europa gestatteten, wurde 1240 vom Hohenstaufenkaiser Friedrich II. erlassen. Der italienische Anatom Giovanni Morgagni war berühmt für seine Leichenöffnungen, bei denen er Krankheitssymptome in Beziehung zu organischen Veränderungen setzte. 1761 veröffentlichte er hunderte Autopsiebefunde in seinem Werk *De sedibus et causis morborum per anatomen indagatis* (Über den Sitz und die Ursachen der Krankheiten, aufgespürt durch die Anatomie) und beschrieb u. a. koronare Herzerkrankungen, Lungenentzündung und mehrere Krebsleiden. Carl von Rokitansky führte in Wien tausende Autopsien nach einem festen Obduktionsprotokoll durch und begründete damit die pathologische Anatomie als ein eigenständiges Fachgebiet. An der Berliner Charité betonte Rudolf Virchow die immense Bedeutung des Mikroskops, um Autopsiegewebe detailliert zu analysieren.

Heute öffnet der Pathologe Brust- und Bauchhöhle mit einem tiefen Schnitt, um die Organe als zusammenhängende Masse zu entnehmen. Große Blutgefäße werden geöffnet und in Augenschein genommen und Magen- und Darminhalt werden untersucht, um eventuell Aufschluss über den Todeszeitpunkt zu erhalten. Mithilfe einer Knochensäge wird die Schädelhöhle geöffnet und das Gehirn freigelegt. Weiterführende Verfahren bedienen sich der Elektronenmikroskopie, Radiologie und Toxikologie (Lehre von den Giftstoffen).

Obduktionen haben immer wieder Diagnosefehler und unerwartete Befunde ans Licht gebracht, doch seit 1960 nahmen sie im Westen ab, wohl auch aus Furcht vor Kunstfehlerklagen. Die Häufigkeit von Autopsien variiert je nach Land und Religion – Judentum und Islam stehen ihnen kritisch gegenüber.

Siehe auch Feuerbestattung (um 20.000 v. Chr.), Mumien (um 5500 v. Chr.), Totenschein (1770), Grabräuber (1832), Einbalsamierung (1867), Kryonik (1962)

Die anatomische Vorlesung, Gemälde des niederländischen Malers und Graveurs Jacob de Gheyn II. (um 1565–1629).

10 H—1899.

CITY OF NEW YORK. No. of Certificate

STATE OF NEW YORK.

CERTIFICATE AND RECORD OF DEATH

26382
26382

OF Henry H Bliss

BUREAU OF RECORDS 8 A.M. SEP 16 1899 MANHATTAN

This is to certify that I, JACOB E. BAUSCH, MANHATTAN *Coroner in and for the Borough of* [illegible] *have, this* 14 *day of* Sept *189*9 *, take charge of the body of* deceased *found at* Roosevelt Hosp *in the* *Ward of said Borough, and that an inquest thereon is pending.*

Jacob E Bausch *Coroner.*

I hereby certify that I have viewed the body of the deceased, and from examination *and evidence, that* he *died on the* 14 *day of* Sept *1899, at* 6.30 a*M., and that the cause of* his *death was*

Fracture of Skull
Haemorrhage cerebral
run over by an automobile

Place of Burial, Cedar Grove
Date of Burial, Sept 16 1899
Undertaker, Keating & Hermann
Residence, 2554 7 Ave.

Philip F O'Hanlon M. D.
121 W 95 St
Coroner's Physician.

Date of Record.	Indirect Cause of Death.	Direct Cause of Death.	Class of Dwell'g (A tenement being a house occupied by more than two families.)	Last place of Residence.	Place of Death.	Mother's Birthplace.	Mother's Name.	Father's Birthplace.	Father's Name.	How long resident in New York City.	How long in U. S. if foreign born.	Place of Birth.	Occupation.	Single, Married or Widowed.	Color.	Age.	Name.
	Chm	[illegible]	Private	235 W 75 St	Roosevelt Hospital	"	"	"	9	"	Life	US	Real Estate	Widower	w	69	Henry H Bliss

TOTENSCHEIN

1770

„Es ist eine der wichtigsten letzten Handlungen eines Arztes hinsichtlich der Fürsorge für einen Patienten, obwohl er nicht mehr da ist, um sie wahrzunehmen“, schreibt der Arzt Lawrence Altman mit Bezug auf den Totenschein, ein Dokument, das viele Vorteile für die Gesellschaft hat, dazu gehören „die Schaffung einer rechtlichen Grundlage für die Lebensversicherung und die Nachlassregelung; die Bereitstellung entscheidender Informationen für die Hinterbliebenen und Nachfahren in einer Epoche aufkeimender Fortschritte in der Genetik; erweiterte Kenntnisse über Krankheiten, Unfälle und andere Todesursachen. ...“

In Deutschland beginnt der Totenschein üblicherweise sein eigenes Leben, wenn ein Arzt bescheinigt, dass ein Mensch gestorben ist. Die Todesbescheinigung wird in den meisten Fällen an das Gesundheitsamt geschickt. Im Rahmen einer Feuerbestattung kann eine Vorlage des Totenscheins im Krematorium erforderlich sein, wobei die Urkunde Angaben enthalten kann wie den Sterbezeitpunkt, den Sterbeort, die Todesart und weitere Umstände, die als Todesursache infrage kommen.

Vor dem 19. Jahrhundert führten in den Vereinigten Staaten und Europa die Kirchen Sterbebücher. Diese Aufgabe wurde aber schließlich von örtlichen Behörden übernommen, die auch damit begannen, Totenscheine herauszugeben. Der erste US-Staat, der die Registrierung von Totenscheinen durchführte, war Vermont im Jahr 1770. Im deutschen Reich übernahmen die Standesämter im Jahre 1876 diese Tätigkeit.

In Deutschland werden in den Bundesländern die Totenscheine von den Gesundheitsämtern zur Erhebung von Todesursachen vollständig ausgewertet. Die Ergebnisse werden anschließend im Statistischen Bundesamt zusammengetragen und in der Todesursachenstatistik publiziert. In der Statistik finden allerdings nur die sogenannten Grundkrankheiten und Grundursachen wie Unfälle Berücksichtigung, nicht aber Folgekrankheiten. Dem Statistischen Bundesamt zufolge ist die Todesursachenstatistik „die elementare Grundlage wichtiger Gesundheitsindikatoren wie Sterbeziffern, verlorene Lebensjahre und vermeidbare Sterbehilfe. ... Diese Statistik ermöglicht eine fundierte Todesursachenforschung ... Aus den Ergebnissen werden Handlungsempfehlungen und Strategien abgeleitet, zum Beispiel für die Gesundheitspolitik und die epidemiologische Forschung. Im Kern geht es um die Frage, durch welche präventiven und medizinisch-kurativen Maßnahmen die Lebenserwartung und -qualität der Bevölkerung erhöht werden kann.“

Siehe auch Epitaphe (um 480 v. Chr.), Nachrufe (1731), Autopsie (1761)

Totenschein von Henry H. Bliss (1830–1899), dem ersten bei einem Autounfall in Amerika umgekommenen Menschen. Als er in New York aus einer Straßenbahn ausstieg, wurde er von einem Elektrotaxi erfasst.

GUILLOTINE

ANTOINE LOUIS (1723–1792), JOSEPH-IGNACE GUILLOTIN (1738–1814), NICOLAS-JACQUES PELLETIER († 1792), HAMIDA DJANDOUBI (UM 1949–1977)

”Die Guillotine ist eine Maschine, die den Kopf im Handumdrehen entfernt und das Opfer nichts anderes spüren lässt als ein Gefühl erfrischender Kühle“, führte der Arzt Joseph-Ignace Guillotin 1789 vor der französischen Nationalversammlung aus. „Eine solche, niemals versagende Maschine wird sich leicht herstellen lassen.“ Wenn er auch nicht der Erfinder dieser berühmten Enthauptungsmaschine mit fallender Klinge war, so warb er doch für deren Verwendung als eine menschenwürdige Hinrichtungsmethode in Frankreich, die in diesem Land tatsächlich noch bis 1977 eingesetzt wurde, als der tunesische Einwanderer und verurteilte Mörder Hamida Djandoubi der letzte Mensch war, der durch das Fallbeil hingerichtet wurde.

Andere ähnliche Köpfmaschinen gingen der Guillotine voraus, zum Beispiel die englische „Halifax Gibbet“. Der Entwurf des Prototyps der Guillotine in Frankreich wird einem Beamten eines Strafgerichts namens Laquiante, dem deutschen Klavierbauer Tobias Schmidt und dem Arzt Antoine Louis zugeschrieben. Der erste durch eine Guillotine Hingerichtete war 1792 der Straßenräuber Nicolas-Jacques Pelletier. Während der Schreckensherrschaft in Frankreich folgten noch mindestens 16.000 Hinrichtungen, die oft mit dürftigen oder gar ohne Begründungen durchgeführt wurden. Die Hingerichteten waren Adelige, Intellektuelle, Politiker und Bürgerliche. Während der nationalsozialistischen Zeit in Deutschland und Österreich wurden zwischen 1933 und 1945 weitere 16.000 Menschen guillotiniert.

Man stelle sich das Entsetzen vor, wenn Menschen gezwungen wurden, ihren Hals zwischen das blutige Halsbrett der Guillotine zu legen und das schleifende Geräusch der herabsausenden schweren Schneide hörten. Vor der Einführung der Guillotine in Frankreich wurden noch grausamere Methoden angewandt, etwa die Enthauptung mit einem Schwert oder einer Axt (was manchmal mehrere Hiebe erforderte), Hängen (was Minuten dauern konnte) und Vierteilung (bei der einem Delinquenten die Glieder mit einem Beil abgehackt oder mit Pferden ausgerissen wurden). Häufig wurden die schmerzhaftesten Hinrichtungsarten an Armen vollstreckt.

In Frankreich waren Hinrichtungen eine beliebte Form der Unterhaltung. „Eine Guillotinemanie fegte durch Frankreich“, schreibt der Autor Geoffrey Abbott. „Spielzeughersteller produzierten kleine Modelle als Spielsachen für Kinder. ... Die jungen Damen trugen guillotineförmige Silberohrringe und -broschen.“

Siehe auch Todesstrafe (um 1772 v. Chr.), Elektrischer Stuhl (1890), Völkermord (1944)

Die Hinrichtung des französischen politischen Führers Maximilien Robespierre und seiner Anhänger durch die Guillotine 1794 beendete die Schreckensherrschaft nach der Französischen Revolution.

e DoDo & Given
by G. EDWARDS
F.R.S. AD. 17

AUSSTERBEN

JEAN LÉOPOLD NICOLAS FRÉDÉRIC (GEORGES) CUVIER (1769–1832)

ARTEN VERSCHWINDEN FÜR GEWÖHNLICH „leise" aus der Welt, sodass wir uns bezüglich ihres „Auslaufdatums" nicht sicher sein können, es sei denn, dass es sich um so seltene Beispiele handelt wie das des Tasmanischen Tigers (auch: Beutelwolf). Dieses Lebewesen starb am 7. September 1936 im tasmanischen Hobart-Zoo aus, als das letzte bekannte Exemplar an den Folgen von Vernachlässigung verendete. Mehr als 99 Prozent aller Arten, die jemals lebten, sind tatsächlich ausgestorben. Der Biologe Edward O. Wilson hat die umstrittene Vermutung angestellt, dass die Hälfte aller heute existierenden Pflanzen- und Tierarten am Ende dieses Jahrhunderts ausgelöscht sein könnten infolge von Habitatzerstörung, Umweltverschmutzung, Klimawandel und weiteren Faktoren.

In einem 1796 veröffentlichten Aufsatz, der Untersuchungen zu Fossilien behandelte, propagierte der französische Naturforscher Georges Cuvier das Konzept eines Tiersterbens aufgrund von regelmäßig wiederkehrenden Katastrophenfluten, was in der damaligen Zeit ein ebenso radikaler wie bedrohlicher Ansatz war. Im Laufe der Jahrtausende sind Arten gekommen und gegangen, teilweise aufgrund von sich verändernden ökologischen Bedingungen, globalen Katastrophenereignissen, Konkurrenz durch andere Organismen und weiteren damit einhergehenden Umständen. Eine typische Spezies stirbt in der Regel zehn Millionen Jahre nach ihrem erstmaligen Erscheinen aus, allerdings kann dieser Zeitraum je nach betrachtetem Lebewesen substanziell variieren. Der Quastenflosser beispielsweise galt als seit Millionen von Jahren ausgelöscht, bis 1938 ein Exemplar vor der südafrikanischen Küste entdeckt wurde.

Wissenschaftler haben Kenntnis von mindestens fünf Massenaussterben in der Erdgeschichte. Diese Auslöschungen umfassen einen großflächigen und rapiden Rückgang an Arten, der oft erkennbar wird an einer raschen Veränderung der Diversität makroskopischer (also leicht beobachtbarer) Lebewesen. So kam es beispielsweise vor 66 Millionen Jahren zum Kreide-Paläogen-Massenaussterben, bei dem rund Dreiviertel aller Pflanzen- und Tierarten von der Erde verschwanden, darunter auch die Nichtvogeldinosaurier. Diese Auslöschung wurde wahrscheinlich durch den Einschlag eines Kometen oder Asteroiden verursacht und die daraus resultierende Verringerung der Sonneneinstrahlung. Ein Massenaussterben muss nicht immer als unerwünscht für die Welt angesehen werden, da sich weder der Mensch noch andere Säugetiere ohne das Kreide-Paläogen-Massenaussterben entwickelt hätten.

Siehe auch Schwarzer Tod (1347), Geistertanz (1890), Völkermord (1944), Tod des Universums (>100 Billionen)

Die Abbildung auf der gegenüberliegenden Seite zeigt einen Dodo. Der ausgestorbene, flugunfähige Vogel kam nur auf der Insel Mauritius im Indischen Ozean vor. Die Illustration stammt vom niederländischen Maler Roelant Savery (1576–1639).

JAKOBS TRAUM

PHILON VON ALEXANDRIEN (UM 20 V. CHR.–UM 50 N. CHR.), WILLIAM BLAKE (1757–1827)

um 1805

„Von Kindern wird es ebenso geliebt wie von Malern, durch die Geschichte biblischer Auslegung hindurch wurde es ausgiebig allegorisiert und dient Kirchenlieddichtern als Anregung, obwohl das sinnträchtige Bild der Jakobsleiter nur einmal in der Bibel erwähnt wird." Die Autoren des *Dictionary of Biblical Imagery* stellen fest, dass die Auf- und Abwärtsbewegung der **Engel** „die beiden Richtungen" andeutet, „in denen die Menschen mit Gott kommunizieren, indem sie nämlich empfangen, was Gott zur Erde sendet, und indem sie emporstreben zu Gott im **Himmel**." Das berühmte Bild der Jakobsleiter findet sich in 1. Mose 28, als Jakob einen Traum hat, nachdem er in Haran angekommen ist:

> ***Und ihm träumte, und siehe, eine Leiter stand auf Erden, die rührte mit der Spitze an den Himmel, und siehe, die Engel Gottes stiegen daran auf und nieder. Und der Herr stand oben darauf und sprach: „Ich bin der Herr, der Gott deines Vaters Abraham ... das Land, darauf du liegst, will ich dir und deinen Nachkommen geben. ..." Als nun Jakob von seinem Schlaf aufwachte, sprach er: „Fürwahr, der Herr ist an dieser Stätte, und ich wusste es nicht!" Und er fürchtete sich und sprach: „Wie heilig ist diese Stätte! Hier ist nichts anderes als Gottes Haus, und hier ist die Pforte des Himmels."***

Im Laufe der Jahrhunderte sind zahllose Erläuterungen zur Jakobsleiter vorgelegt worden, wobei die Leiter für die Wechselwirkung zwischen dem himmlischen und dem menschlichen Reich steht. Der jüdische Philosoph Philon von Alexandrien hat eine Reihe von Interpretationen verfasst, von denen eine in Erwägung zieht, dass die Engel auf der Leiter Seelen verkörpern könnten, die in den Körper herabsteigen und aus diesem aufsteigen, was fast an den Vorgang der **Reinkarnation** erinnert. Im Neuen Testament spielt Jesus auf die Jakobsleiter an, als er seinen Jüngern sagt: „Ihr werdet den Himmel geöffnet und die Engel Gottes auf- und niedersteigen sehen über dem Menschensohn." (Johannes 1,51)

Dieser Eintrag ist auf um 1805 angesetzt worden, weil der englische Dichter und Maler William Blake an diesem Datum eine der bekanntesten und anregendsten Darstellungen der Jakobsleiter fertigstellte. Hier wird Jakob am Fuß einer spiralförmigen Treppe mit Engelwesen abgebildet.

Siehe auch Reinkarnation (um 600 v. Chr.), Engel (um 380), Bifröst (um 1220), *Der verwundete Engel* (1903)

***Jakobs Traum* (um 1805)**, Gemälde des englischen Malers William Blake.

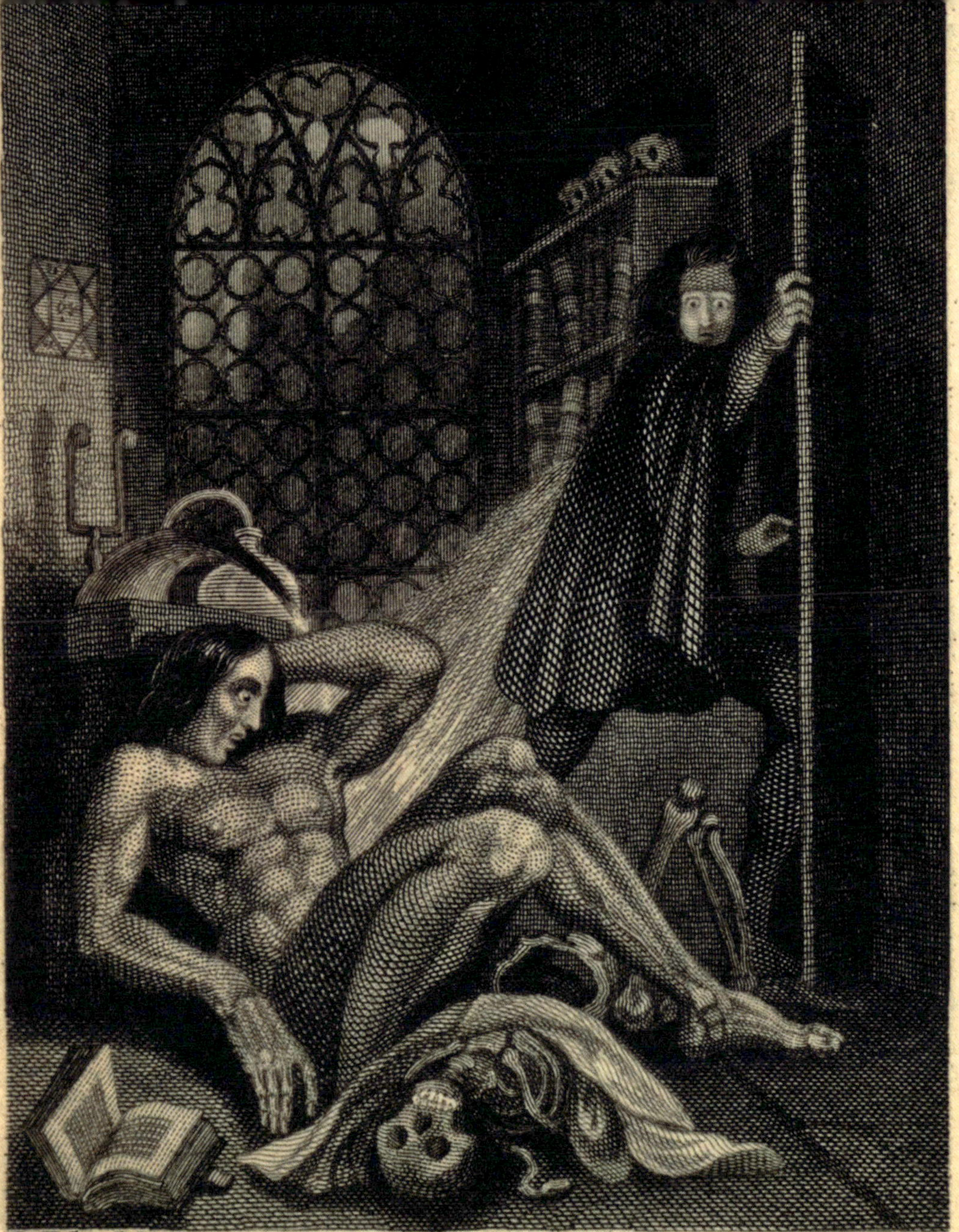

T. Holst, del. W. Chevalier, sculp.

FRANKENSTEIN.

"By the glimmer of the half-extinguished light, I saw the dull, yellow eye of the creature open; it breathed hard, and a convulsive motion agitated its limbs.

*** I rushed out of the room".

Page 43.

FRANKENSTEIN

GIOVANNI ALDINI (1762–1834),
MARY SHELLEY (GEBORENE MARY WOLLESTONECRAFT GODWIN, 1797–1851)

1818

Die Schriftstellerin Mary Shelley „ist von Anfang an von Tod, Intrige und Sturm umgeben gewesen“, schreibt der Biologe Michael Goldman, der sich teilweise auf den fürchterlichen Londoner Gewittersturm in der Nacht ihrer Geburt bezieht. „Während Naturphilosophen lernten, die Elektrizität zu beherrschen, betrachteten andere deren Bemühungen als frevlerisch und den wütenden Gewittersturm als Zeichen von Gottes Zorn.“ Einige Tage nach ihrer Geburt starb Marys Mutter an einer Infektion.

Der Tod ist ein zentrales Thema in Mary Shelleys 1818 erschienenem Roman *Frankenstein oder Der moderne Prometheus*, dessen Handlung sich um einen Wissenschaftler namens Viktor Frankenstein dreht, der in Schlachthöfen und auf Friedhöfen verschiedene Teile sucht, um daraus ein Geschöpf zu konstruieren, das er schließlich mit einem „Lebensfunken“ belebt. Er reflektiert: „Leben und Tod erschienen mir zwei Schranken, die ich durchbrechen und einen Strom von Licht über die finstere Welt gießen durfte. Eine neue Art von Menschenwesen würde mich als ihren Schöpfer preisen. ... Damals kam ich auf die Idee ... dass es mir, der ich imstande war, leblose Materie lebend zu machen, möglich sein müsste, auch da wieder Leben zu erzeugen, wo der Tod bereits zerstörend eingegriffen hatte.“

Die Grundidee zur Handlung erschien Mary in einem Traum und mit nur neunzehn Jahren vollendete sie den Roman. Die Europäer waren fasziniert von den Theorien über die Rolle der Elektrizität in der Biologie und das damit verbundene Potenzial für eine Wiederbelebung toten Gewebes. Der italienische Physiker Giovanni Aldini beispielsweise beteiligte sich um 1803 in London an vielen öffentlichen Versuchen zur menschlichen Wiederbelebung durch Elektrizität.

Tod und Zerstörung lauern überall im Roman, kommen doch zahlreiche Figuren darin ums Leben. Viktor zerstört die unfertige Gefährtin für sein Monster und der Unhold (der tatsächlich niemals im Roman „Frankenstein“ genannt wird) tötet Elisabeth, die Braut des Wissenschaftlers. Todesangst ist eine von Viktors Triebkräften, aber am Ende des Romans spürt er die Unvermeidlichkeit des Todes, nachdem er seine Schöpfung bis an den Nordpol verfolgt hat. Nach Viktors Tod schwört die unglückliche, schmerzerfüllte Kreatur auf ihrem eigenen Scheiterhaufen zu sterben, um jedes Zeichen ihrer Existenz auszulöschen.

Siehe auch Golem (1580), Sterbehilfe (1872), Elektrischer Stuhl (1890), Lovecrafts Wiedererwecker (1922), Transhumanismus (1957)

Frontispiz der *Frankenstein*-Ausgabe von 1831, die in London bei Colburn und Bentley erschienen ist.

VAMPIRE

VLAD III., WOIWODE DER WALACHEI (1431–1476), JOHN WILLIAM POLIDORI (1795–1821), ABRAHAM „BRAM" STOKER (1847–1912)

1819

„Sie sind da draussen in der Dunkelheit, immer beobachtend, immer hungrig", sinniert der Schriftsteller Jonathan Maberry. „Priester in Kirchen und Tempeln tausender Religionen haben vor widernatürlichen Unholden gewarnt, die die Menschheit verderben oder zerstören wollen." Die alten Griechen hatten ihre Lamia, die bei Nacht kleine Kinder verschlang. Die Babylonier erzählten Geschichten über Lilith, einen weiblichen Dämon, der von Säuglingsblut lebte.

Obwohl *Wiedergänger* (Gespenster oder lebende Leichen, die aus dem Grab zurückkehren) im Wandel der Zeiten viele Gestalten angenommen haben, so bezieht sich der Begriff *Vampir* heute zumeist auf Lebewesen, die sich dem Volksglauben nach von menschlichem oder tierischem Blut ernähren. Einige der modernen, typischen Merkmale von Vampiren lassen sich auf die beliebte, 1819 veröffentlichte Erzählung *The Vampyre* des englischen Schriftstellers und Arztes John Polidori zurückführen. 1897 schrieb der irische Theaterleiter und Schriftsteller Bram Stoker den berühmten Schauerroman *Dracula*. Einige Eigenschaften von Stokers Hauptfigur wurden durch einen grausamen rumänischen Woiwoden aus dem fünfzehnten Jahrhundert angeregt, der auch als Vlad, der Pfähler bekannt ist. In den 1700er- und 1800er-Jahren war der Vampirglaube in Neuengland weit verbreitet und manche Familien gruben Familienmitglieder wieder aus, um ihr Herz zu entfernen und sie davon abzuhalten, Krankheiten und Tod unter den Lebenden zu verbreiten.

Möglicherweise entstand der moderne Vampirglaube, als Menschen Leichen beobachteten, die aufgedunsen waren und Krächzer oder Blut aus Nase oder Mund ausstießen (was auf der Anhäufung und der Freisetzung von Gasen während der Verwesung beruhte), oder aber als man auf Personen und Tiere mit Tollwut stieß, die Lichtüberempfindlichkeit, Hypersexualität und den Drang, andere zu beißen, verursachen kann. Der Historiker Eric Johnson schreibt: „Was die slawischen und europäischen Vampirmythen gemeinsam haben ... ist, dass sie eine wichtige Geschichte darüber erzählen, wie Menschen natürliche Ereignisse wie Tod, Verwesung und die Übertragung von Krankheiten vor dem Aufkommen wissenschaftlicher Medizin verstanden. Sie dienen darüber hinaus als Beispiel für die Furcht, die in vielen christlichen Gesellschaften präsent ist hinsichtlich der heiklen Linie, die Menschliches von Tierischem zu trennen scheint."

Siehe auch Särge (um 4000 v. Chr.), *Frankenstein* (1818), Totenkopfschwärmer (1846), Zombies (1968)

***Vampir* (1895)**, Gemälde des norwegischen Malers Edvard Munch (1863–1944).

SÜNDENESSER

1825

Durch die Geschichte hindurch existierte in vielen Kulturen die Vorstellung, dass der Tote eingefangen werden kann und gezwungen wird, an einem Ort zu spuken oder ein rastloses, unglückliches oder sündhaftes Dasein zu fristen. In Teilen von England, Schottland und Wales entstand der seltsame Brauch des Sündenessens, der bis ungefähr zum Ende der 1800er-Jahre praktiziert wurde, um dieser Vorhölle zu entgehen. Ein Sündenesser war in der Regel ein Armer, der gegen Bezahlung an der Seite einer Leiche Brot aß und Bier trank, die entweder auf der Brust eines Verstorbenen platziert oder über seinen oder ihren Körper herübergereicht wurden. Nach einem kurzen Gebet verschwand der Sündenesser wieder, der die Sünden der verstorbenen Person auf sich genommen hatte.

Das Essen verkörperte die Sünden des Verblichenen, und war diese Person erst einmal reingewaschen, konnte sie in Frieden ruhen und zum **Himmel** aufsteigen. Durch den Verzehr der Sünden von Toten riskierte der Sündenesser sein eigenes Seelenheil und wurde manchmal öffentlich gemieden. Jedes Mal, wenn ein Sündenesser die Sünden eines Anderen übernommen hatte, wurde er zunehmend „verunreinigt“ und verabscheuenswert.

Obwohl es schwierig festzustellen ist, inwieweit das Verzehren von Sünden tatsächlich stattfand oder aber durch Legenden ausgestaltet wurde, so kursieren doch zahlreiche Geschichten, wie zum Beispiel diejenige, die Bertram S. Puckle in seinem Buch *Funeral Customs* (1926) erzählt: „Professor Evans vom presbyterianischen Kolleg in Carmarthen [Wales] sah um das Jahr 1825 herum tatsächlich einen Sündenesser. ... Verabscheut von den abergläubischen Dorfbewohnern als etwas Unreines schloss sich der Sündenesser selbst von jedem gesellschaftlichen Umgang mit seinen Mitmenschen aus wegen des Lebens, das er gewählt hatte; in der Regel lebte er an einem entlegenen Ort für sich allein und diejenigen, die ihm zufällig begegneten, gingen ihm aus dem Weg als wäre er ein Leprakranker. ... Nur wenn es einen Todesfall gab, suchten sie ihn auf, und sobald seine Aufgabe erfüllt war, verbrannten sie Holzschüssel und -teller, aus denen er die Speisen zu sich genommen hatte, die ihm zum Verzehr über die Leiche herübergereicht oder auf ihr abgestellt wurden.“

Siehe auch Totenbeschwörung (um 850 v. Chr.), Hölle (um 400 v. Chr.), Gespenster (um 100 v. Chr.), Totengräber (1651), Totenkopfschwärmer (1846)

Ein Standbild von Tlazolteotl, einer Sünden verzehrenden aztekischen Göttin. Dem Mythos nach konnte sie Seelen reinwaschen, indem sie „ihren Dreck aß“, und auch sexuelle Ausschweifungen vergeben.

FRIEDHÖFE

„VOR 1831 GAB ES IN AMERIKA KEINE FRIEDHÖFE", schreibt die Journalistin Rebecca Greenfield. „Es ist keineswegs so, dass Amerikaner ihre Toten nicht begruben, sondern dass große, moderne Friedhöfe schlichtweg nicht existierten. Mit der Errichtung des Mount Auburn Cemetry, einer riesigen Friedhofsanlage in Cambridge, Massachusetts, begann jedoch auch in Amerika die Bewegung zum Bau von Friedhöfen."

Die Idee, Tote zu bestatten oder auf verschiedene Weise herzurichten, reicht mindestens zurück bis in die Zeit des Mittelpaläolithikums, das zwischen 35.000 und 135.000 Jahren angesetzt wird, als einige Neandertaler ihre Toten sorgfältig unter der Erde arrangierten. Im Neolithikum vor rund 13.000 Jahren schufen die Natufier an der östlichen Küste des Mittelmeeres Gräber in Felshöhlen und im neolithischen Jericho begruben die Menschen ihre Toten unter ihren Wohnräumen. Die alten Ägypter bauten außerhalb ihrer Städte für ihre Toten Nekropolen (Totenstädte). Frühe Indianerkulturen in Nordamerika beerdigten ihre Toten manchmal unter Erdhügeln, während die frühen Christen in Rom ihre Toten in unterirdischen Anlagen beisetzten, den Katakomben. Heute gilt der Friedhof Wadi Al-Salam im Irak mit seinen vielen Millionen dort begrabenen Menschen als die größte Ruhestätte der Welt.

Die Bezeichnung *Friedhof* geht auf althochdeutsch „frithof" zurück, den „eingefriedeten" Bereich um eine Kirche. Moderne Friedhöfe werden zumeist als Parkfriedhöfe geplant und unterscheiden sich daher von den *Kirchhöfen*, die rund um ein Kirchengebäude im Dorf- oder Stadtkern angelegt wurden. Im neunzehnten Jahrhundert jedoch bildete sich die Tendenz aus, die überbelegten Kirchhöfe vor allem aus hygienischen Gründen außerhalb der Kommunen als Friedhöfe neu zu gestalten. Im Laufe der 1830er-Jahre besuchten Menschen in den Vereinigten Staaten die parkähnlichen Friedhöfe zunehmend, um dort zu picknicken. Heute gibt es auf Friedhöfen manchmal Kolumbarien, zumeist oberirdische Bauwerke, die Nischen zur Aufnahme von Urnen nach Feuerbestattungen aufweisen.

Friedhöfe faszinieren den Standford-Professor Keith Eggener wegen ihrer Liminalität: Die „Intensivierung von Erkenntnis und Gefühl [und] das Aufeinandertreffen dieser disparaten Zustände von Leben und Tod, Natur und Kultur dort, wo Bestattung nicht bloß das feierliche Gedenken an die Toten meint, sondern auch ihr Fernhalten aus dem Reich der Lebenden ... ist der Grund, weshalb Friedhöfe aus den Städten entfernt wurden."

Siehe auch Feuerbestattung (um 20.000 v Chr.), Natufische Trauerblumen (um 11.000 v. Chr.), Hügelgräber (um 4000 v. Chr.), Grabsteine (um 1600 v. Chr.), Schiffsgräber der Wikinger (834), Totengräber (1651), Dunkler Tourismus (1996)

Diese Engelsstatue auf dem Monumentalfriedhof Staglieno in Genua erinnert Besucher daran, respektvolle Stille zu bewahren. Der Friedhof, einer der größten in Europa, wurde 1835 für die Bebauung freigegeben und offiziell 1851 eröffnet.

SACRED

GRABRÄUBER

WILLIAM HARVEY (1578–1657), WILLIAM BURKE (1792–1829)

1832

Während der europäischen Renaissance kamen die Gelehrten zu der Überzeugung, dass die Sektion menschlicher Körper für die Weiterentwicklung des medizinischen Wissens unerlässlich sei und es daher nicht mehr genüge, sich einfach auf überlieferte medizinische Lehrbücher zu verlassen. Im 16. und 17. Jahrhundert war Italien auf dem Gebiet der anatomischen Erkenntnisse weltweit führend. Im 19. Jahrhundert jedoch gehörten London und Edinburgh zu den Zentren, in denen wichtige anatomische und medizinische Durchbrüche gelangen.

Um erfahrene Anatomen zu werden, mussten die Chirurgen dieser Zeit normale menschliche Gefühle für ihre Zeitgenossen unterdrücken können. So nahm der für seine Erklärung des Blutkreislaufs berühmte englische Arzt William Harvey an der Leichenöffnung seiner Schwester und seines Vaters teil. Zu Anfang der 1800er-Jahre waren Leichen in England so begehrt, dass Anatomen häufig mit Grabräubern zusammenarbeiteten, um sich die benötigten Exemplare zu sichern, zumal nur Leichen hingerichteter Mörder legal für Sektionen verwendet werden durften. In Schottland kamen zur Verhinderung von Leichendiebstahl deshalb eiserne Halskrausen für Leichen zum Einsatz oder sogenannte Mortsafes.

Das 1832 vom Parlament des Vereinigten Königreichs beschlossene Anatomiegesetz gestattete Ärzten den legalen Zugriff auf Leichen, die nicht von Angehörigen beansprucht wurden, sodass Leichen von verstorbenen Armen aus Arbeitshäusern leicht zu erhalten waren. Grund für das Anatomiegesetz war der Bedarf an Leichen zu Studienzwecken und der wachsende Zorn über sogenannte „Auferstehungsmänner“, die Gräber für medizinische Untersuchungen plünderten. Auch die von William Burke und William Hare 1828 in Edinburgh begangenen Morde – sie erdrosselten mindestens 16 Menschen, deren Leichen sie dann an Anatomen verkauften – brachten die Gesetzesberatungen voran.

Viele Bürger hatten den Eindruck, das Gesetz sei den Armen gegenüber unfair, da deren Leichen ohne ihre Einwilligung benutzt würden. Vor der Verabschiedung des Gesetzes war die Leichenöffnung eine Strafe für Mörder gewesen, doch nun schien sie eine für Armut geworden zu sein. Manche Gläubige, die meinten, der Leichnam dürfe nicht entweiht werden, beerdigten ihre Lieben in Bleisärgen, um sie bis zur Auferstehung zu schützen. Nachdem das Anatomiegesetz das Parlament passiert hatte, brachen Unruhen aus, aber das einträgliche Geschäft der Grabräuber war damit ein für alle Mal beendet.

Siehe auch Auferstehung (um 30 n. Chr.), Totengräber (1651), Autopsie (1761), „Die Affenpfote“ (1902), Lovecrafts Wiedererwecker (1922)

Diese Illustration von Grabräubern des englischen Künstlers Hablot Knight Browne (1815–1882) erschien 1887 in *The Chronicles of Crime.*

MORT

LEBENDIG BEGRABEN

EDGAR ALLAN POE (1809–1849), WILLIAM TEBB (1830–1917)

Edgar Allan Poe, amerikanischer Autor des Makabren, schreibt 1844 in seiner Kurzgeschichte „Lebendig begraben", dass „kein Ereignis so grauenvoll geeignet ist, Leib und Seele aufs äußerste zu schrecken, wie das Lebendigbegrabensein. Der unerträgliche, atemraubende Druck ... die alles verschlingende Woge ewiger Stille – diese Dinge und der Gedanke, dass droben die Gräser im Winde wehn, und die Erinnerung an liebe Freunde ... tragen in das noch pulsende Herz ein so namenloses Grauen, wie selbst die stärkste Phantasie es nicht beschreiben kann."

Poe war ebenso fasziniert wie erschrocken von den Gefahren des Lebendigbegrabenwerdens, die in der Mitte des 19. Jahrhunderts aufloderten, als in vielen Zeitungsgeschichten über Leichen berichtet wurde, die nach der Wiedereröffnung von **Särgen** oder Gräbern offensichtliche Spuren von Befreiungsversuchen zeigten (etwa abgebrochene Fingernägel und Kratzspuren im Sarg). In der Erzählung „Der Untergang des Hauses Usher" (1839) wird beispielsweise der Nervenzusammenbruch eines Mannes geschildert, der (bewusst) seine Schwester lebendig begräbt. Am Ende entkommt sie ihrem Grab und stürzt während eines übernatürlichen Sturms in sein Schlafzimmer, wo beide den Tod finden. In „Das Fass Amontillado" (1846) mauert der Ich-Erzähler seinen Kollegen lebendig mit Mauersteinen und Mörtel ein, nachdem er ihn in die Katakomben eines Palazzo geführt und an die Wand gekettet hatte.

Einige dieser Fälle waren zweifelhaft, aber „Scheintode" waren nicht unüblich während Krankheitsepidemien und den damit verbundenen schnellen Bestattungen. 1896 gründete der Geschäftsmann William Tebb die Londoner Gesellschaft zur Verhinderung der vorzeitigen Bestattung, die sich für Reformen im Bestattungswesen einsetzte. Ebenfalls in die 1800er-Jahre fällt die Entwicklung patentierter „Sicherheitssärge", die die Ängste vor einem vorzeitigen Begräbnis verringern sollten und mit Luftschläuchen und Glöckchen ausgestattet waren.

Der Ausdruck *lebendig begraben* lässt sich auch auf vorsätzliches Begraben anwenden, das als eine Form der Folter oder Hinrichtung eingesetzt wurde. So bestraften und quälten die Chinesen Menschen, indem sie sie lebendig verscharrten, wie es am Ende der Schlacht von Changping (260 v. Chr.) abertausende Male praktiziert wurde. In jüngerer Zeit begruben Japaner chinesische Zivilisten lebendig während des grauenhaften Massakers von Nanking in den Jahren 1937–1938.

Siehe auch Särge (um 4000 v. Chr.), Totengräber (1651), „Der Rabe" (1845), Herz-Lungen-Reanimation (1956), Undines Fluch (1962)

***Der lebendig Begrabene* (1854)**, Gemälde des belgischen Malers Antoine Wiertz (1806–1865).

MR HENRY LUDLOWE
IN
THE RAVEN
THE LOVE STORY OF EDGAR ALLAN POE
DIRECTION
HAZELTON & NORTH
BY GEORGE HAZELTON

„DER RABE“

EDGAR ALLAN POE (1809–1849)

1845

„DIE GRENZEN, DIE LEBEN UND TOD SCHEIDEN, sind unbestimmt und dunkel“, schreibt Edgar Allan Poe in seiner Erzählung **„Lebendig begraben“**. „Wer kann sagen, wo das eine endet und das andere beginnt?“ Vielleicht hat kein „moderner“ Erzähler den Bereich des Sterbens, des Todes, der Trauer und des Begräbnisses mit derartigem Grauen ausgelotet wie der amerikanische Schriftsteller Poe, der bekannt ist für seine Grusel- und Schauergeschichten. 1845 veröffentlichte er sein Gedicht „Der Rabe“, das den nächtlichen Besuch eines Raben im Haus eines Mannes schildert, der um seine Geliebte Lenore trauert. Das Gedicht brachte Poe zwar etwas Ruhm ein, aber nur wenig Geld.

„Der Rabe“ ist voller Anspielungen auf das Jenseits. An einer Stelle des Gedichts spürt das lyrische Ich die Gegenwart von **Engeln** und fragt sich, ob Gott ihm irgendein Zeichen sende. Das lyrische Ich stellt sich auch vor, dass der Rabe aus „Plutos nächtger Sphär“ stammt und verweist dabei zugleich auf Pluto, der im Wesentlichen dem **Hades** entspricht und Herrscher der Unterwelt in der griechischen Mythologie ist.

1846 notiert er: „Der Tod eines schönen Weibes ist unzweifelhaft der poetischste Gegenstand von der Welt.“ Poes eigene Frau starb zwei Jahre nach der Publikation seines berühmtesten Gedichts an Tuberkulose. Seine einige Jahre früher entstandene Kurzerzählung „Ligeia“ (1838) handelt von der wunderschönen, klugen und rabenschwarzhaarigen Ehefrau des Ich-Erzählers, die stirbt und wiederbelebt wird, als der Erzähler bei der Leiche seiner zweiten Frau wacht.

Der Englischprofessor J. Gerald Kennedy kommentiert: „Während Magazine und Geschenkbücher verkitschte Abbildungen des Todes lieferten, beschwor Poe subversive Szenen von Auflösung, Zerstückelung und Verwesung herauf. Seine Gedichte und Erzählungen beschreiben eine Grauzone aus Urangst und unendlicher Melancholie.“ Wenngleich Poes Geschichten von Tod und Sterben zu umfangreich sind, um hier ausführlich behandelt zu werden, soll dennoch die Kurzgeschichte „Die Tatsachen im Fall Waldemar“ erwähnt werden, in der der Erzähler die „wahre Begebenheit“ über einen gewissen Herrn Waldemar darstellt, den der Erzähler im Moment des Todes hypnotisiert und der dann für Monate im Zustand zwischen Leben und Tod existiert. Der Erzähler versucht schließlich Waldemar wiederzuerwecken, allerdings mit dem Ergebnis, dass Waldemars sofortiger Zerfall ausgelöst wird. Die Geschichte endet damit, dass „auf dem Bett vor der ganzen Versammlung eine ekelhafte, stinkende Masse lag.“

Siehe auch Kinder und *Capacocha* (1622), Lebendig begraben (1844), Totenkopfschwärmer (1846), *Der Tod des Iwan Iljitsch* (1886), Lovecrafts Wiedererwecker (1922)

Ein Plakat von 1908 für das Bühnenstück *The Raven: The Love Story of Edgar Allan Poe*, das der Schauspieler und Bühnenautor George Cochrane Hazelton, Jr. (1868–1921) verfasst hat.

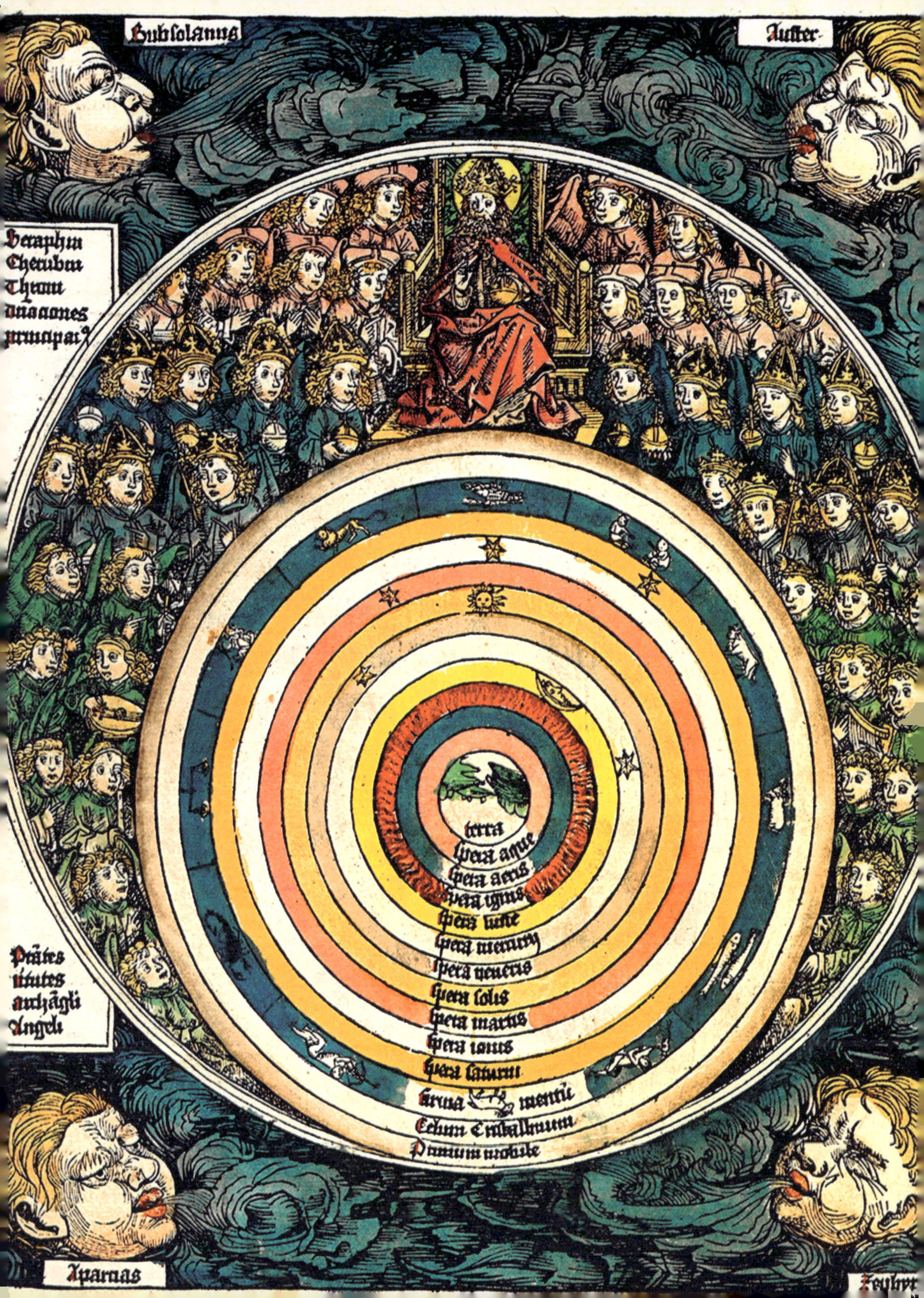
Subsolanus
Auster
Seraphin
Cherubin
Throni
Dñacōnes
principat⁹
Pñātes
ṽtutes
archāgli
Angeli
terra
spera aque
spera aeris
spera ignis
spera lune
spera mercurij
spera veneris
spera solis
spera martis
spera iouis
spera saturni
firma mentu
Celum cristallinum
Primum mobile
Aparcias
Zephyr

SOMMERLAND

MANUEL SWEDENBORG (1688–1772), ANDREW JACKSON DAVIS (1826–1910)

1845

Andrew Jackson Davis, der „Seher von Poughkeepsie", war ein Wahrsager und Heiler. Seine Anhänger verglichen ihn mit dem schwedischen Wissenschafter, christlichen Mystiker, Philosophen und Theologen Emanuel Swedenborg. 1845 prägte Davis den Begriff „Sommerland", um das Reich des Jenseits zu bezeichnen, das ihm zufolge die Form einer Reihe von Sphären bildet, die die Seele nach dem Tod durchschreitet. Die Seelen der Toten werden auf der Grundlage ihrer Gemeinsamkeit an Emotionen, moralischen Voraussetzungen und Interessen zusammengezogen. Auf der Suche nach spiritueller Erkenntnis könnten sich die Seelen durch die Sphären vorwärtsbewegen, um sich selbst zu vervollkommnen und um sich schließlich der Sphäre der Göttlichkeit anzunähern.

Bislang ist keine Seele über die zweite Sphäre hinausgelangt; eines Tages aber, wenn alle Seelen bis zur sechsten Sphäre aufsteigen, wird Gott (der die siebte Sphäre erfüllt) ein neues Universum und einen neuen Satz von Sphären spiritueller Existenz erschaffen. Danach werden sich die Seelen der sechsten Sphäre in der neuen zweiten Sphäre aufhalten. Davis schrieb: „Die Seele wird keine endgültige Heimstatt haben, da Ruhe für ein unsterbliches Wesen unerträglich wäre, sondern die Seele wird auf ewig fortschreiten. Sie wird immer in Harmonie mit den sie umgebenden Verhältnissen sein und so immer im Himmel wohnen."

In seinem Werk *The Great Harmonia* (1852–1866) erläuterte er: „Nachdem die einzelnen Seelen diesen Planeten verlassen ... steigen sie in die Zweite Sphäre der Existenz auf. Hier unterziehen sich *alle* Individuen einer himmlischen Zucht, durch die jede körperliche und geistige Deformität entfernt wird. ... Wenn alle Seelen bis zur Zweiten Sphäre vorangekommen sein werden, werden die verschiedenen Erden und Planeten im Universum ... entvölkert sein und kein einziges Lebewesen wird sich auf ihren Oberflächen bewegen."

In *A Stellar Key to Summerland* (1867) schreibt Davis: „Meiner sorgfältigsten Untersuchung der physikalischen Strukturen von Sommerland nach bestehen die fruchtbaren Böden und die lieblichen Haine, Rebstöcke und Blumen, die die Landschaft unendlich variieren, aus Teilchen, die einst in menschlichen Körpern waren." Dieses Konzept von Sommerland – das einige Ähnlichkeit mit der buddhistischen Vorstellung der **Reinkarnation** aufweist, wobei es die wissenschaftliche Idee des Nährstoffkreislaufs andeutet – wurde mit einigen Variationen von Theosophen, Wicca-Anhängern und in verschiedenen neuheidnischen Religionen verwendet.

Siehe auch Himmel (um 2400 v. Chr.), Elysische Gefilde (um 850 v. Chr.), Reinkarnation (um 600 v. Chr.), Séance (1848)

Jahrtausendelang haben Menschen Vermutungen über die physikalische Struktur des Himmels und des Jenseits angestellt. Andrew Jackson Davies' „Sommerland" umfasste eine Reihe von Sphären, die dieser Abbildung zur biblischen Sechstageschöpfung aus der *Schedelschen Weltchronik* (1493) des deutschen Arztes und Historikers Hartmann Schedel (1440–1514) ähneln.

TOTENKOPFSCHWÄRMER

AGNES MURGOCI (1875–1929), EDGAR ALLAN POE (1809–1849), MICHAEL MAJERUS (1954–2009)

1846

Der Totenkopfschwärmer, der eine Flügelspannweite von bis zu 11,5 cm erreichen kann, ist lange mit Tod und anderen unheilbringenden Vorzeichen assoziiert worden. 1926 schrieb die Zoologin und Volkskundlerin Agnes Murgoci, dass man beispielsweise in Rumänien „glaubte, dass viele Menschen ihre Seele auf einen Schmetterling übertragen können. In Vâlcea galten Totenkopfschwärmer als Inkarnation der Seelen von Vampiren, die, sofern sie gefangen wurden, auf eine Nadel aufgespießt und an der Wand befestigt werden sollten, um sie am Weiterfliegen zu hindern.“ In Bram Stokers *Dracula* sendet der Graf Totenkopfschwärmer an Renfield, einen verwirrten Anstaltsinsassen mit äußerst seltsamen Essgewohnheiten. In *Das Schweigen der Lämmer* platziert der Killer die Puppe dieses Falters im Mund seiner Opfer. Sogar der großartige Horrorschriftsteller Edgar Allan Poe erwähnte ähnliche Schwärmer in seiner Erzählung *Die Sphinx* (1846): „Die Totenkopf-Sphinx hat zuzeiten die Bevölkerung durch den schwermütigen Ton entsetzt, den sie ausstößt, wie auch durch das Symbol des Todes, das sie auf ihrem Bruststück trägt.“

Der Begriff *Totenkopfschwärmer* bezieht sich auf einige Arten von Faltern aus der Gattung *Acherontia*, die schrille, gruselige Geräusche ausstoßen, wenn sie gestört werden. Die Falter haben eine totenkopfförmige Zeichnung am Rücken ihres Brustteils, und ihre Raupen beißen, wenn sie bedroht werden. Sie fallen auf der Suche nach Honig auch in Bienenstöcke ein. Interessanterweise haben die drei Falterarten wissenschaftliche Namen (*atropos, lachesis, styx*), die alle aus der griechischen Mythologie stammen und in Beziehung zum Tod stehen. Atropos war die Schicksalsgöttin, die den Lebensfaden durchschnitt, dessen Länge ihre Schwester Lachesis bestimmte. Styx ist der Fluss, der das Reich der Lebenden vom Totenreich Hades abgrenzt.

Generell wurden Schmetterlinge durch die Geschichte hindurch bisweilen als Geister angesehen. Wenn große Falter in einem Raum mit einem Sterbenden gesichtet wurden, dann hätte es als Zeichen betrachtet werden können, dass die Seele den Körper verlässt. Der britische Entomologe Mike Majerus stellt fest, dass „in Ungarn ... der Eintritt eines Totenkopfschwärmers in eine Wohnung als Omen für einen bevorstehenden Tod in der Familie aufgefasst wird. In Frankreich glaubte man, dass eine einzige Schuppe aus dem Flügel eines Totenkopfschwärmers im Auge eine Erblindung zur Folge haben würde.“

Siehe auch Hades (um 850 v. Chr.), Sensenmann (1424), Vampire (1819), Sündenesser (1825), „Der Rabe“ (1845), *Interviews mit Sterbenden* (1969)

Eine Abbildung des Totenkopfschwärmers (*Acherontia atropos*) aus dem 1895 veröffentlichten deutschen Referenzwerk *Europas bekannteste Schmetterlinge*. Dieser Falter ist lange mit Tod und anderen unheilbringenden Vorzeichen assoziiert worden.

MISS MARGARETTA FOX   MISS CATHARINE FOX   Mrs FISH.

SÉANCE

MARY TODD LINCOLN (1818–1882), ALFRED RUSSEL WALLACE (1823–1913), MARGARETTA FOX (1833–1893), KATE FOX (1836–1892), ALEXANDER GRAHAM BELL (1847–1922), GUGLIELMO MARCONI (1874–1937), HARRY HOUDINI (GEBOREN ALS ERIK WEISZ, 1874–1926)

1848

DIE BEIDEN SCHWESTERN KATE UND MARGAretta bezogen am 11. Dezember 1847 zusammen mit ihren Eltern ein Haus in Hydesville, New York. Das Haus stand in dem Ruf, dass es darin spuke: es gab mehrere dokumentierte Vorfälle von Klopfzeichen und anderen Geräuschen und angeblich war der Vormieter Mike Weakman wegen dieser eigenartigen Störungen ausgezogen. Im März 1848 behaupteten Margaretta und Kate, geheimnisvolle Geräusche gehört zu haben. Ein vermeintlicher Geist, dem die Schwestern in Anspielung auf den Teufel den Spitznamen „Mr. Splitfoot" (Spaltfuß) gaben, begann durch Klopfgeräusche mit ihnen zu kommunizieren (zum Beispiel, einmal klopfen für „nein", zweimal klopfen für „ja"). Das Klopfen folgte den Schwestern, als sie nach Rochester, New York, umzogen, wo sie in Theatern gegen Eintrittsgeld „Aufführungen" organisierten, die Aufmerksamkeit und Skepsis erregten. Die Schwestern wurden schließlich die berühmtesten Medien des amerikanischen Spiritismus im neunzehnten Jahrhundert, einer Bewegung, die auf der Idee fußte, dass eine Kommunikation mit Geistern möglich sei, und die rund zwei Millionen Anhänger im Jahr 1855 für sich reklamierte. 1888 gestanden die Schwestern einem Zeitungsreporter, dass das ganze Geisterklopfen-Phänomen ein kompletter Schwindel gewesen sei. In einer Vorführung zeigten sie, wie sie die lauten Klopfgeräusche durch Knacken ihrer Zehen- und Kniegelenke machen konnten; nicht lange danach starben sie in Armut.

Eine Séance ist ein Versuch, mit Geistern in Kontakt zu treten, zumeist in einer Zusammenkunft von Personen, die oft um einen runden Tisch in einem verdunkelten Raum gruppiert waren. Geister konnten angeblich kommunizieren, indem sie durch Medien sprachen, durch automatisches Schreiben und Ouijabretter oder das Bewegen von Gegenständen. Bekannte Séancen waren unter anderem diejenigen, die Mary Todd Lincoln 1863 im Weißen Haus arrangierte, als sie über den Verlust ihres und Abrahams Sohn trauerte. Eine Reihe berühmter Wissenschaftler war von spiritistischen Ideen fasziniert, Verbindung mit Toten aufzunehmen, dazu zählten der Naturforscher Alfred Russel Wallace, Guglielmo Marconi (ein Pionier der Radioübertragung) und Alexander Graham Bell (der Erfinder des ersten praktisch einsetzbaren Telefons). Der Entfesselungs- und Zauberkünstler Harry Houdini gehörte zu den Skeptikern. Trotz der langen Geschichte von Anstrengungen, betrügerische Medialität zu entlarven, werden auch heute noch immer Séancen durchgeführt.

Siehe auch Die Hexe von Endor (um 1007 v. Chr.), Totenbeschwörung (um 850 v. Chr.), Gespenster (um 100 n. Chr.), Banshee (um 1350), Sommerland (1845), Auf der Suche nach der Seele (1907), *Die Grasharfe* (1951), Tonbandstimmen (1956)

Die Fox-Schwestern: Margaretta (links) und Kate (Mitte) zusammen mit ihrer älteren Schwester Leah Fox Fish (1814–1890, rechts). Die zwei jüngeren Schwestern hatten scheinbar Leah davon überzeugt, dass sie mit Geistern kommunizierten, und so begann Leah, ihre Karrieren zu unterstützen.

OPHELIA

WILLIAM SHAKESPEARE (1564–1616), JOHN EVERETT MILLAIS (1829–1896), ELIZABETH ELEANOR SIDDAL (1829–1862), SALVADOR DALÍ (1904–1989)

1852

DAS 1852 ENTSTANDENE, ERGREIFENDE UND detaillierte Gemälde *Ophelia* des englischen Malers John Millais zeigt einen Menschen an der Schwelle zum Tod und gehört zu den bekanntesten Darstellungen eines weiblichen Suizids. Ophelia, eine mögliche Gattin für Prinz Hamlet in William Shakespeares Drama *Hamlet*, wird wahnsinnig und ertränkt sich zum Schluss in einer der wohl poetischsten Todesszenen der Literatur, in der sie nach dem Blumenpflücken auf einen Weidenbaum klettert, um ihr Laubgewinde aufzuhängen, als plötzlich ein Ast abbricht und sie in einen Bach stürzt. Sie treibt für eine ganz Weile im Wasser und „ihre Kleider verbreiteten sich und trugen sie sirenengleich ein Weilchen noch empor." Sie scheint nicht zu realisieren oder besorgt zu sein, dass ihr der Tod droht, und als sich ihr Kleid mit Wasser vollgesogen hat, wird sie nach unten gezogen „in den schlamm'gen Tod."

Bevor er das sterbende Mädchen malte, unternahm Millais große Anstrengungen, um den üppigen Hintergrund abzubilden, der mit seinem wuchernden Grün beinahe die Szene völlig überdeckt. Mehrere Monate lang verbrachte er bis zu elf Stunden am Tag damit, an den Ufern des englischen Flusses Hogsmill im Freien zu malen. Um Ophelia und ihre Verschmelzung von Unschuld und Wahnsinn wiederzugeben, ließ er die neunzehnjährige Elizabeth Siddal in seinem Studio voll bekleidet in einer Badewanne posieren, wobei er Öllampen unter die Wanne stellte, um das Wasser warm zu halten. Ironischerweise nahm Siddal 1862 im Alter von zweiunddreißig Jahren eine Überdosis Laudanum, vielleicht in einem Akt der Selbsttötung.

Der surrealistische Maler Salvador Dalí sagte, dass das Gemälde eine „strahlende" Frau zeige, die sowohl „höchst begehrenswert als auch höchst beängstigend" sei. Der Pädagoge Ron Brown schrieb: „Ihre Kleidung ähnelt den leuchtenden Farben einer Libelle. Wie ein hell strahlender Fleck auf dem Wasser, wässerig wie das Wasser, Blume wie die Blumen, ahmt Ophelia den Hintergrund nach und wird eins mit der Natur." Die Englischprofessorin Julia Thomas stellt fest, dass die Pflanzen über ihre „botanische Genauigkeit" hinaus eine symbolische Bedeutung besitzen. „Die Mohnblume in Ophelias rechter Hand steht für Tod, die Maßliebchen sind ein Symbol für Unschuld, die Rosen für Jugend, die Stiefmütterchen für unerwiderte Liebe, die Schachblume, die unten rechts im Bild im Bach treibt, symbolisiert Kummer und die Veilchen, die um Ophelias Hals hängen, sind ein Sinnbild für Treue."

Siehe auch Suizid (um 300 v. Chr.), Totenmaske (um 1888), Tissots Kreuzigungsvision (um 1890), Schwabes *Der Tod des Totengräbers* (1895), *Im Garten des Todes* (1896), *Der verwundete Engel* (1903), Kamikazepiloten (1944), *Die Grasharfe* (1951)

***Ophelia* von John Everett Millais**, Öl auf Leinwand, 76,2 x 111,8 cm.

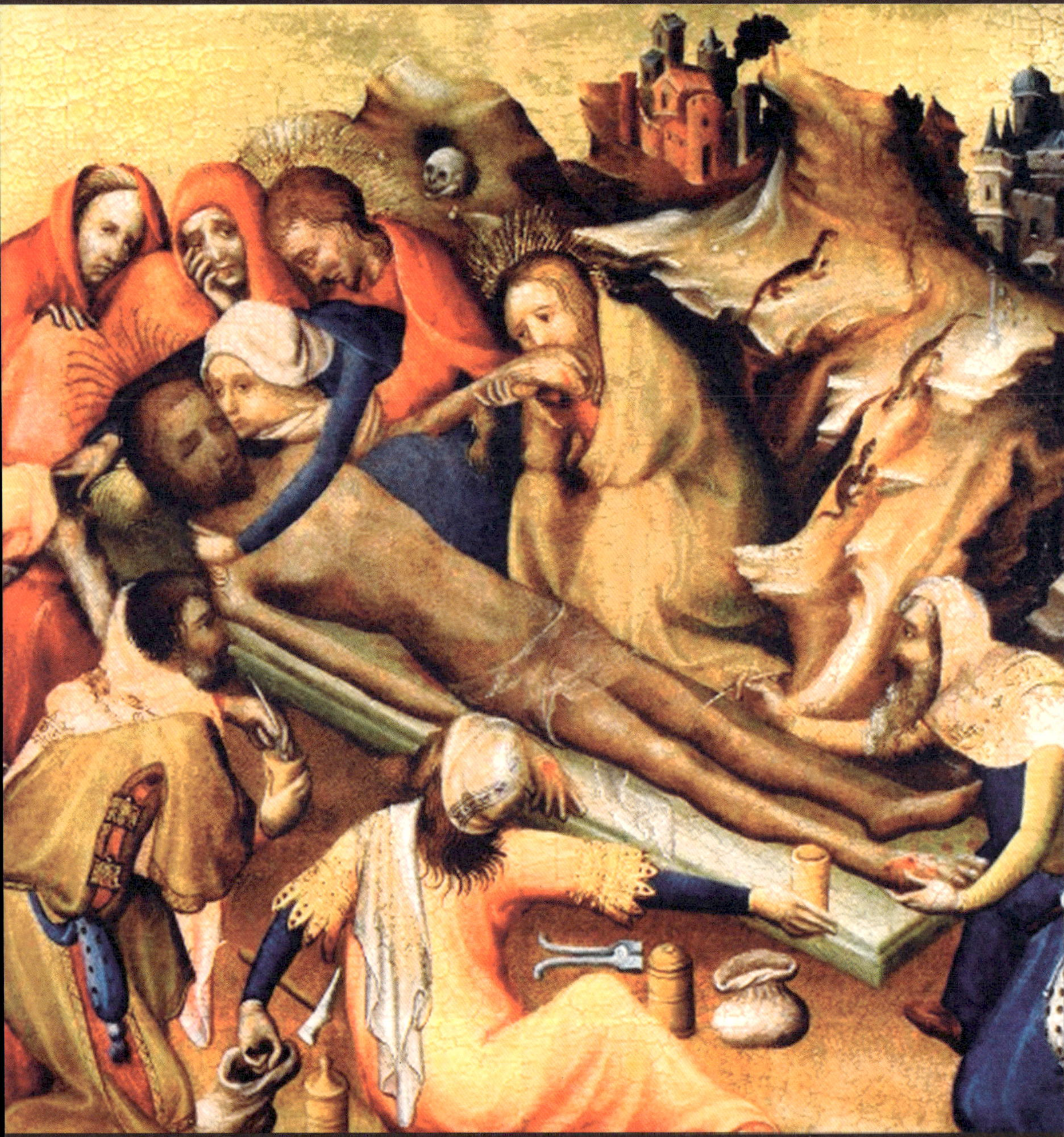

EINBALSAMIERUNG

ALEXANDER III. VON MAKEDONIEN (356–323 V. CHR.), HORATIO NELSON (1758–1805), ABRAHAM LINCOLN (1809–1865), AUGUST WILHELM VON HOFMANN (1818–1892)

Die Einbalsamierung, die Kunst und Wissenschaft der Konservierung menschlicher Überreste, um ihre Verwesung aufzuhalten, hat eine lange Geschichte. So haben die Ureinwohner Ägyptens, Ekuadors, Perus und der Kanarischen Inseln diese Kunst auf unterschiedliche Weise praktiziert. Im antiken Griechenland wurden die Toten mit Ölen und Gewürzen eingerieben. Die Skythen Zentraleurasiens entfernten zunächst die Gedärme ihrer toten Herrscher, füllten ihre Körper dann mit Anis, Zypresse und Weihrauch, nähten sie wieder zu und überzogen sie schließlich mit Wachs. Der Leichnam Alexanders des Großen wurde vermutlich für seine lange Reise ins ägyptische Memphis in Honig und Wachs konserviert.1805 wurden die sterblichen Überreste des britischen Admirals Nelson in einem Fass Brandy zurück nach London transportiert.

Das Einbalsamieren wurde in den Vereinigten Staaten während des Bürgerkriegs wieder üblicher, als tote Soldaten in ihre weit entfernten Heimatorte überführt wurden. Die Einbalsamierung von Abraham Lincolns Leichnam, um seine lange Abschiedsreise durch die Vereinigten Staaten und seine Aufbahrung zu erleichtern, brachte normalen Bürgern die Leichenkonservierung wieder näher.

1867 synthetisierte der deutsche Chemiker von Hofmann Formaldehyd, das sich schon bald als nützlich für die Leichenkonservierung erwies und nach und nach frühere Methoden ablöste, die Alkohol, Quecksilber und Arsen verwendeten. Heute wird eine arterielle Einbalsamierung (mit einer Mischung aus Formaldehyd und anderen Chemikalien) vorgenommen, indem Konservierungschemikalien in die Blutgefäße eingespritzt werden, vor allem in die rechte Halsschlagader. Blut und andere Flüssigkeiten werden aus der rechten inneren Jugularvene abgelassen. Der Inhalt der Körperhöhle wird mittels eines Trokars, mit dem die Bauchhöhle angestochen wird, entlüftet und abgeleitet.

Wenngleich Muslime und religiöse Juden zumeist von einer Einbalsamierung absehen, konstatiert der Religionswissenschaftler Gary Laderman: „Die Einbalsamierung war seit Anfang des zwanzigsten Jahrhunderts das Lebenselixier der amerikanischen Bestattungsindustrie. [Schon bald] starben Amerikaner nicht mehr im familiären Umfeld ihres Zuhauses, sondern in den ... häufig unzugänglichen Räumlichkeiten eines Krankenhauses, wo eine andere Art von Spezialisten sich um den Körper des noch nicht Gestorbenen kümmerte. Inmitten einer schnelllebigen, von technologischen Veränderungen getriebenen modernen Gesellschaft sehnten sich schließlich immer mehr Amerikaner weiterhin nach einem unveränderlichen, dauerhaften Abbild des Verstorbenen in Frieden."

Siehe auch Feuerbestattung (um 20.000 v. Chr.), Mumien (um 5050 v. Chr.), Trauerzug (um 1590), Autopsie (1761), Kryonik (1962)

Diese auf Eichenholz gemalte Mitteltafel (Öl und Blattgold) eines um 1410 in Brügge entstandenen Triptychons zeigt die Einbalsamierung des Leichnams Jesu. Der Künstler ist unbekannt.

STERBEHILFE

1872

„Jeden Tag bitten Menschen auf der ganzen Welt, sterben zu dürfen“, schreibt der Rechtsphilosoph Ronald Dworkin. „Manchmal flehen sie andere an, sie zu töten. Einige von ihnen sterben ohnehin. ... Einige von ihnen wollen sterben, weil sie nicht willens sind, auf die einzige Weise zu leben, die ihnen noch offen geblieben ist.“ Der Begriff *Sterbehilfe* bezieht sich für gewöhnlich auf die bewusste Beendigung jemandes Leben, um Leiden und Schmerz zu lindern, wie sie durch eine unheilbare Krankheit verursacht werden, oder auf die Tötung eines Menschen in einem irreversiblen Koma. *Aktive Sterbehilfe* umfasst die Anwendung tödlicher Medikamente oder Gewalt, *passive Sterbehilfe* bezeichnet die Unterlassung lebenserhaltender Behandlungsmaßnahmen. *Tötung auf Verlangen* wird mit Einwilligung des Patienten durchgeführt. Aktive Sterbehilfe ist in nur wenigen europäischen Ländern nicht strafbar, während die passive Sterbehilfe in vielen Ländern Europas legal ist, dazu zählt auch Deutschland. Wenn Patienten mit Mitteln zur Selbsttötung versorgt werden, spricht man von assistiertem **Suizid** oder Beihilfe zur Selbsttötung.

Sterbehilfe ist seit Urzeiten in ganz unterschiedlichen Kulturen praktiziert worden, allerdings wurde sie in jüdisch-christlichen Traditionen für gewöhnlich abgelehnt und bestraft, indem die Leichen von Selbstmördern an einer Straßenseite liegen blieben oder an Pfählen aufgespießt wurden oder Familienmitgliedern das Erbe vorenthalten wurde. Ein berühmtes Ereignis in der Geschichte der Sterbehilfe ist die Veröffentlichung eines einflussreichen Aufsatzes über das Thema aus dem Jahr 1872 durch den englischen Schullehrer Samuel D. Williams, der schrieb: „In allen Fällen hoffnungsloser und schmerzhafter Krankheiten sollte es die anerkannte Pflicht eines ärztlichen Betreuers sein, auf Wunsch des Patienten Chloroform oder ein anderes solches Anästhetikum zu verabreichen ... um dem Leidenden zu einem schnellen und schmerzlosen Tod zu verhelfen. Das Mittel sollte auf den ausdrücklichen Wunsch des Patienten angewendet werden.“

Beihilfe zur Selbsttötung ist seit den 1940er-Jahren in der Schweiz legal und vor einiger Zeit auch in den Niederlanden, Luxemburg und Belgien sowie einer Reihe von US-Bundesstaaten legalisiert worden. Die aktuell steigende Zahl todkranker Menschen – dazu gehören Menschen mit neurologischen Störungen wie Paralyse, Amyotrophe Lateralsklerose, Parkinson-Krankheit und Multiple Sklerose – die ins Ausland reisen wie der Schweiz, um ihr Leben zu beenden, hat in vielen Ländern eine hitzige Kontroverse und Debatte angefacht über „das Recht auf Sterben“.

Siehe auch Suizid (um 300 v. Chr.), Schwangerschaftsabbruch (um 70 n. Chr.), Schwarzer Tod (1347), Hospize (1967), Hirntod (1968), Verzicht auf Wiederbelebung (1976)

Ein Morphin-Molekül ($C_{17}H_{19}NO_3$). Mitte des 19. Jahrhunderts wurde Morphin zunehmend eingesetzt, um die Schmerzen sterbender Menschen zu lindern.

COTARD-SYNDROM

JULES COTARD (1840–1889)

1880

„Früher hatte ich ein Herz", sagte ein Patient mit einem „Lebende-Leiche-Syndrom". „Ich habe etwas, das an seiner Stelle schlägt. ... Ich habe keinen Magen. Ich bin niemals hungrig. Wenn ich esse ... dann scheint es, als ob das Essen in ein Loch fällt." Diese seltene psychische Erkrankung wird nach dem französischen Neurologen Jules Cotard als Cotard-Syndrom (CS) bezeichnet, der diese Störung 1880 beschrieb. Menschen mit Cotard-Syndrom glauben irrtümlich, dass sie ihre Organe verloren haben oder gestorben sind und zu lebenden Leichen werden. Manchmal bilden sie sich ein, dass ihnen Gehirn, Magen, Eingeweide, Herz, Blut oder Seele fehlen. Die Betroffenen können sich auch wie Verdammte fühlen und denken, ihre Körper seien zu Maschinen geworden. Paradoxerweise behaupten diese „wandelnden Leichen" bisweilen, sie seien unsterblich. Die Psychiater David Enoch und Hadrian Ball schreiben diesbezüglich: „Dies wird dann zur größten aller Verzweiflungen, nämlich der Wunsch zu sterben und zugleich verdammt zu sein, im Zustand des Nihilismus ewig zu leben, ein Zustand, der an Kierkegaards Hölle auf Erden erinnert."

Das Cotard-Syndrom kann aus einer Trennung resultieren zwischen dem Hirnareal zur Gesichtserkennung (Gyrus fusiformis) und den Arealen, die Emotionen mit diesen Gesichtern verknüpfen (z. B. Amygdala). Es kann durch Kopfverletzungen, Hirntumore, Hirnatrophie, epileptische Krampfanfälle, Typhus oder Nebenwirkungen des Medikaments Aciclovir ausgelöst werden. Einige Hirnaufnahmen von Patienten mit Cotard-Syndrom zeigen äußerst niedrige metabolische Aktivität in großen Bereichen des Stirn- und des Scheitellappens. Die Krankheit wird unter anderem behandelt mit Elektrokrampftherapien, Antidepressiva und Neuroleptika.

Einige Menschen mit Cotard-Syndrom bestreiten die Existenz der äußeren Welt und weigern sich, zu essen oder zu trinken. Es gibt schaurige Berichte über davon betroffene Personen, die ihre Zeit auf einem Friedhof, in einer Leichenhalle oder einem Sarg verbringen wollen. Das Cotard-Syndrom weist Ähnlichkeiten mit psychischen Störungen wie dem Capgras-Syndrom auf, bei dem Betroffene glauben, dass Familienmitglieder durch „Doppelgänger" oder „Hochstapler" ersetzt worden seien. Das ähnlich gelagerte Odysseus-Syndrom ist trotz gegenteiliger Beweise die wahnhafte Vorstellung, dass geliebte Menschen gestorben sind oder ihre Körperteile oder Organe ersetzt wurden oder verfaulen.

Siehe auch Golem (1580), „Die Affenpfote" (1902), Auf der Suche nach der Seele (1907), Zombies (1968), *Interviews mit Sterbenden* (1969)

Menschen mit Cotard-Syndrom glauben, dass sie ihre Organe verloren haben oder lebende Leichen sind. Hier wird eine wandelnde Leiche ohne innere Organe gezeigt. Die Abbildung stammt aus den *Tabulae sceleti et musculorm corporis humani* (Tafeln zu Skelett und Muskeln des menschlichen Körpers) des deutschen Anatomen Bernhard Siegfried Albinus (1697–1770).

DER TOD DES IWAN ILJITSCH

LEM NIKOLAJEWITSCH TOLSTOI (1828–1910)

1886

Der Tod des Iwan Iljitsch ist eine Novelle des russischen Schriftstellers Leo Tolstoi, der bekannt ist durch seine Monumentalromane *Krieg und Frieden* (1869) und *Anna Karenina* (1877). Die Erzählung ist kurz nach Tolstois Bekenntnis zu einer radikal-anarcho-pazifistischen und christlichen Philosophie entstanden und spiegelt sein übermächtiges Interesse an der Zwangsläufigkeit des Todes wider. Die Hauptfigur Iwan Iljitsch ist ein Richter, der eher nach einem beruflichen Weiterkommen und unbeschwerten Leben strebt als nach einer emotionalen Einbindung in seine Familie. Innerhalb von Wochen, nachdem er sich beim Aufhängen von Stores in seiner neuen Wohnung an der Seite seines Körpers verletzt hatte, verspürt er einen seltsamen Geschmack in seinem Mund und zunehmende Schmerzen. Er konsultiert Ärzte, die aber nichts für ihn tun können. Am Ende des Buchs verbringt er drei Tage schreiend vor Grauen und Schmerzen.

Die Novelle beginnt interessanterweise mit Iwans Begräbnis, sodass dem Leser ein Mann vorgestellt wird, der bereits gestorben ist. Dann wird eine Art Krümmung der Raumzeit von Tolstoi benutzt, um Iwans Leben darzustellen. Die ersten vier Kapitel umfassen mehr als vierzig Jahre. Die nächsten vier Kapitel behandeln nur noch einige wenige Monate und die letzten vier erstrecken sich über ungefähr vier Wochen. Die Kontraktion des Raums zeigt sich auch daran, dass Iwan während seiner Anfangsjahre zwischen Städten hin und her pendelt. Danach wohnt er nur noch in einer Stadt, und als er erkrankt, hält er sich in seinem Arbeitszimmer auf und gegen Ende der Novelle ist er im Wesentlichen an sein Sofa gefesselt.

Während sein Leben schwindet, empfindet Iwan schließlich Mitgefühl für jene, die er hinter sich lassen wird, und hofft, dass sein Tod sie befreien wird. Er hört jemanden in seiner Nähe sagen: „Es ist zu Ende." Iwan spricht zu sich selbst: „Der Tod ist zu Ende", um dann seinen letzten Atemzug zu tun. Dem englischen Autor Ronald Blythe zufolge „erhebt Tolstoi diesen glanzlosen und ziemlich jämmerlichen Menschen erst, als etwas über ihm erstrahlt, das dem Leser ausreicht, um für einen kurzen Moment ihn selbst zu erblicken ... Wenn Schmerz die Bruchstelle des Verstandes aufspürt, dann entsteht ein weiterer Faktor, nennen wir ihn die Seele, den Geist oder das wahre Selbst."

Siehe auch „Der Rabe" (1845), *Ophelia* (1852), Letzte Worte Sterbender (1922), Goldings Übergangswelt (1956), Hospize (1967), *Interviews mit Sterbenden* (1969)

Das Porträt Leo Tolstois als junger Mann wurde 1873 von Iwan Nikolajewitsch Kramskoi (1837–1887) gemalt.

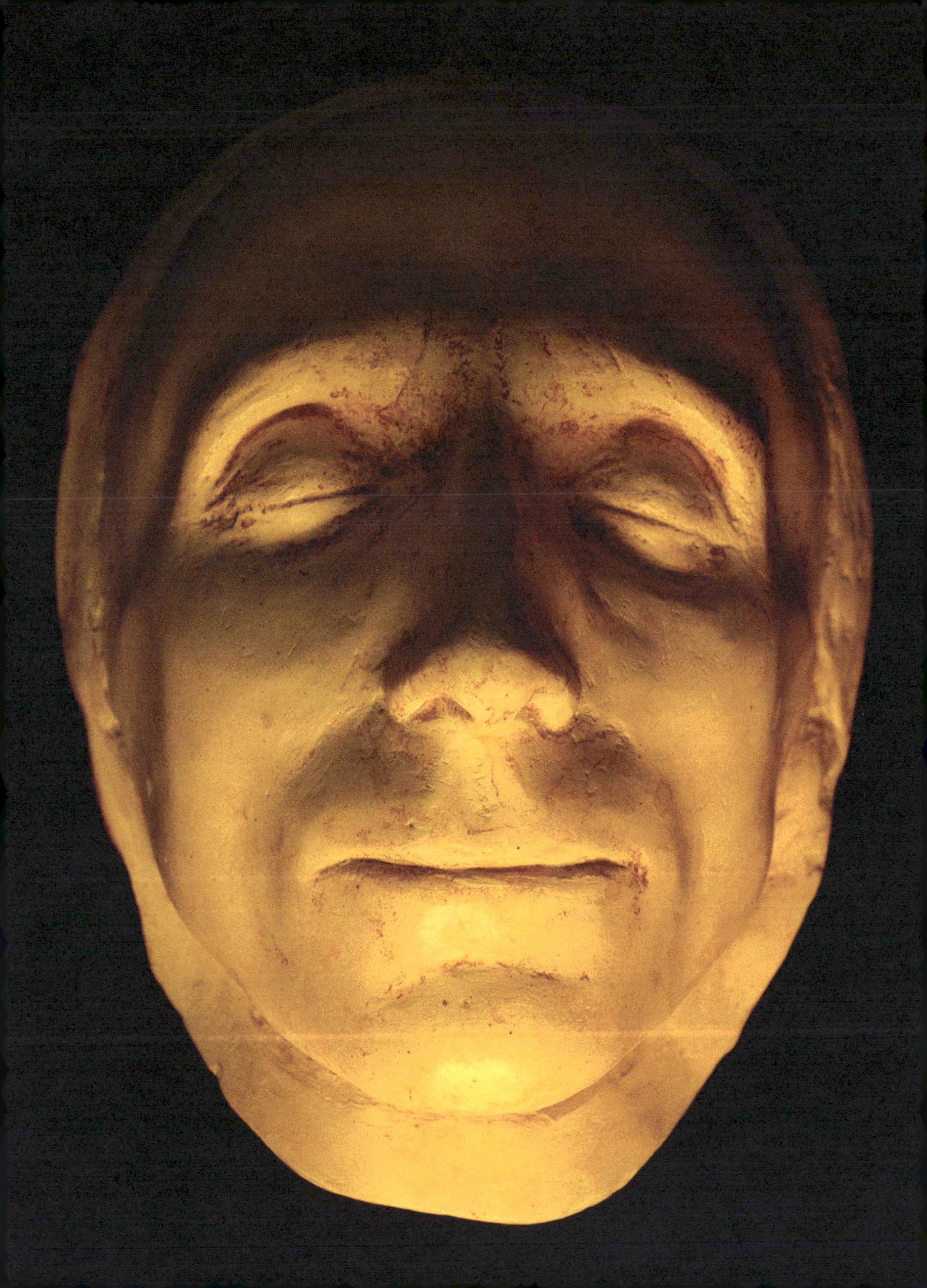

TOTENMASKE

„Man sagt, die Augen seien die Fenster der Seele“, schreibt die Autorin Christine Quigley, „wenn sie aber angesichts des Todes endgültig geschlossen werden, wird das ganze Gesicht zu einem Spiegel des Lebens, das es einst beherbergte. Es war jahrhundertelang eine heilige Pflicht, sein Antlitz zu bewahren.“ Eine Totenmaske ist im Allgemeinen eine dreidimensionale Darstellung eines menschlichen Gesichts nach dem Tod, die aus Wachs, Gips oder einem anderen Material angefertigt wird. Eine traditionelle Totenmaske könnte beispielsweise hergestellt werden, indem zunächst Öl auf das Gesicht aufgetragen wird und anschließend Gips, um einen Abdruck zu nehmen.

Diese Masken dienten durch die Zeit hindurch vielen verschiedenen Zwecken. Manchmal wurden sie bei Staatsbegräbnissen ausgestellt, um eine Person vor der Erfindung der Fotografie erkennen zu können, in Museen als Kuriositäten gezeigt oder als Objekte medizinischer Studien eingesetzt. In der Vergangenheit wurden die Totenmasken hingerichteter Krimineller oft auf mögliche Hinweise oder Anzeichen psychopathischer Neigungen untersucht, wobei das Aussehen und die Gliederung des Gesichts als Grundlage fungierten.

Viele Totenmasken wurden für berühmte Persönlichkeiten gestaltet, dazu gehören die musikalischen Giganten Ludwig van Beethoven und Frédéric Chopin, die Staatsführer Napoleon Bonaparte, Abraham Lincoln und Heinrich VIII. sowie der Dichter Dante Alighieri. Auch für andere „Größen“ wie Benjamin Franklin, Alfred Hitchcock, Woodrow Wilson, Nikola Tesla und Isaac Newton wurden Totenmasken erstellt. Eine der berühmtesten Totenmasken in der Geschichte ist die einer jungen, unbekannten, lächelnden etwa sechzehnjährigen Frau (um 1888), die in Paris tot aus der Seine geborgen wurde. Die „Unbekannte aus der Seine“ (*L'inconnu de la Seine*), wie sie genannt wurde, inspirierte zahlreiche literarische Werke, und Abgüsse ihrer Maske waren häufig an den Wänden von Künstlern zu finden.

Ernst Benkard schrieb im Vorwort seines 1926 erschienenen Buches *Das ewige Antlitz*: „Und weil die Totenmaske wie ein Mahner an der Pforte steht, zwischen dem, was wir Leben nennen und dem, was wir Tod nennen, wird sie immer ein Gegenstand bleiben, der in sich selbst einen überweltlichen Charakter trägt und den man nicht mit der Erfahrung messen darf von Sonnenaufgang, Nacht und abermaligem Tag. Sie ist das letzte Bild des Menschen, sein ewiges Antlitz.“

Siehe auch Mumien (um 5050 v. Chr.), Epitaphe (um 480 v. Chr.), *Ophelia* (1852)

Totenmaske des italienischen Heiligen Vinzenz Pallotti (1795–1850), der sich in Rom um die Armen kümmerte. Als sein Leichnam 1906 und 1950 exhumiert wurde, stellte er sich als unverwest heraus (ein Zeichen der Heiligkeit) und kann heute völlig unversehrt in einem Glassarkophag in der Kirche San Salvatore in Onda betrachtet werden.

TISSOTS KREUZIGUNGSVISION

JAMES JACQUES JOSEPH TISSOT (1836–1902)

Das zwischen 1886 und 1894 entstandene Gemälde *Was Christus vom Kreuz sah* des französischen Malers James Tissot ist ungewöhnlich, weil wir eine Vision des Künstlers dessen betrachten, was Jesus gesehen haben könnte, als er während der Kreuzigung nach unten blickte. Die Kuratoren des Brooklyn Museum kommentieren: „Letztlich ist das Bild eine Übung in Mitgefühl. Es geht darum, dem Betrachter, der es gewöhnt ist, das Ereignis von außen zu beobachten, eine seltene Gelegenheit zu bieten, sich selbst in Christi Lage zu versetzen und seine letzten Gedanken und Gefühle zu ermessen, als er auf die Feinde und Freunde herabsah, die seinen Tod miterlebten oder daran beteiligt waren."

1885 erwachte in Tissot, dessen Mutter eine gläubige Katholikin war, ein erneutes Interesse am Katholizismus, das ihn veranlasste, den Rest seines Lebens mit Bibelillustrationen zu verbringen. Um diese Darstellungen realisieren zu können, reiste er nach Palästina, wo er Landschaften, Architektur und Menschen studierte. Seine Serie mit 365 Gouache-Gemälden, die das Leben Christi thematisieren, wurde in New York, Paris und London enthusiastisch aufgenommen. Seine Biografin Krystyna Matyjaszkiewicz schrieb über seine religiöse Leidenschaft:

> ***Tissot brach am 15. Oktober 1886, seinem fünfzigsten Geburtstag, nach Palästina auf. Er kehrte im März 1887 nach Paris zurück mit Skizzenbüchern voller Zeichnungen und einem brennenden Verlangen, das Leben Christi zu illustrieren. Er veröffentlichte Abbildungen von Ereignissen, Orten, Menschen und nebensächlichen Details zusammen mit Ausschnitten aus den Evangelien und Bibelkommentaren. Tissot reiste noch mehrmals nach Jerusalem und hatte im April 1894 270 Aquarelle angefertigt, die auf dem Champ de Mars in Paris ausgestellt wurden, um Ehrfurcht und Staunen hervorzurufen. …***

Wenn wir das hier abgebildete Gemälde näher betrachten, dann sehen wir unten im unmittelbaren Vordergrund Maria Magdalena mit ihren langen roten Haaren liegen, direkt unter den kaum mehr als angedeuteten Füßen Jesu. Etwas weiter entfernt dahinter zeigt Tissot die Jungfrau Maria, die sich kauernd an ihre Brust greift. Am linken Bildrand schaut ein römischer Zenturio mit gekreuzten Armen gespannt auf das Geschehen, während jüdische Führer vorn rechts beziehungsweise aus einigem Abstand die Ereignisse verfolgen. Im Bildhintergrund hat Tissot auch den Grabeingang für den Leichnam Jesu dargestellt.

Siehe auch Todesstrafe (um 1772 v. Chr.), Auferstehung (um 30 n. Chr.), *Der verwundete Engel* (1903), Dunkler Tourismus (1996)

Was Christus vom Kreuz sah (Ce que voyait Notre-Seigneur sur la Croix), James Tissot, Gouache über Graphit auf graugrünem Velinpapier, 24,8 x 23 cm.

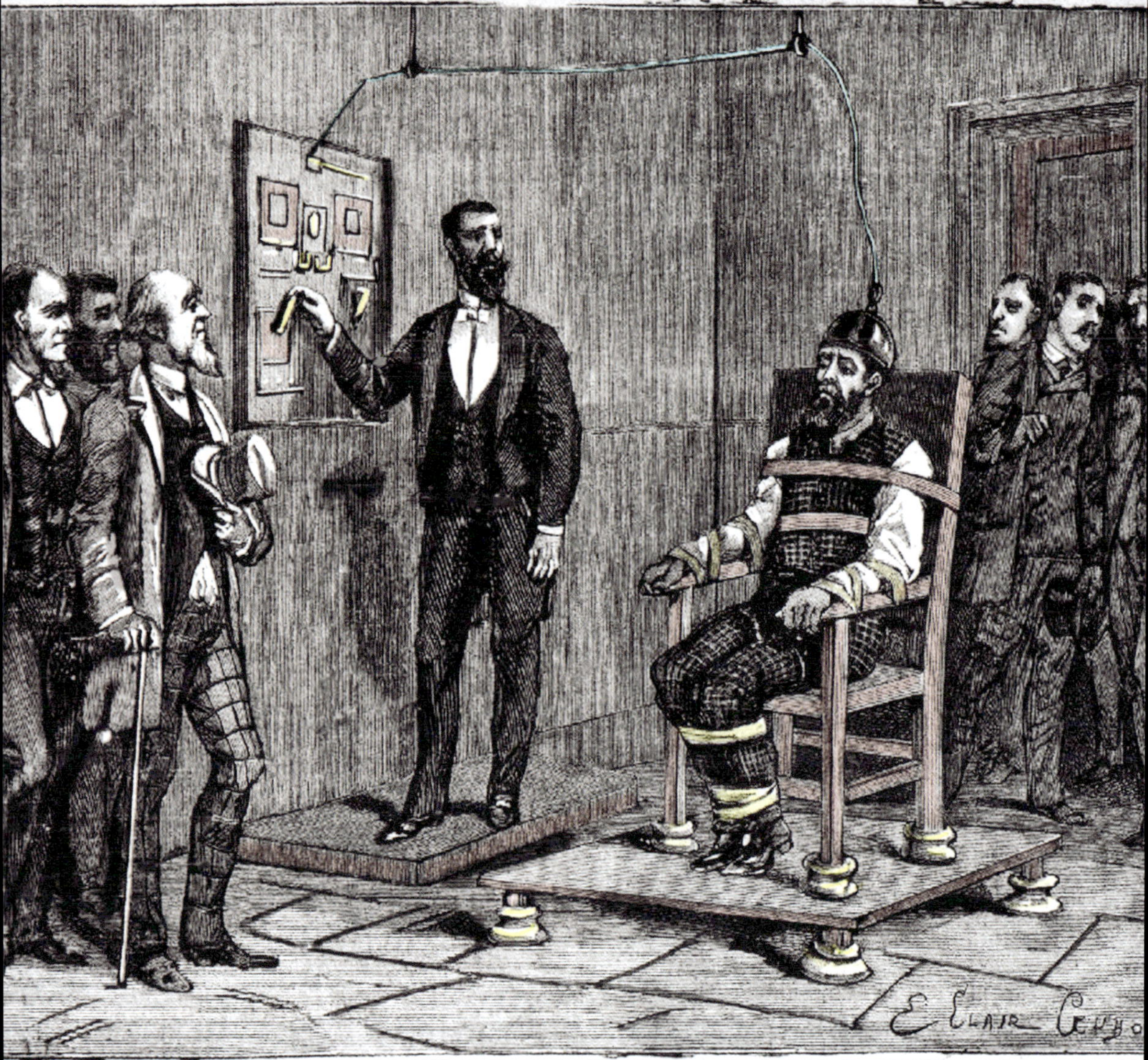

ELEKTRISCHER STUHL

GEORGE WESTINGHOUSE, JR. (1846–1914), THOMAS ALVA EDISON (1847–1931), MARTHA M. PLACE (1849–1899), HAROLD PITNEY BROWN (1857–1944), WILLIAM FRANCIS KEMMLER (1860–1890), ARTHUR EDWIN KENNELLY (1861–1939)

1890

Am 6. August 1890 wurde William Kemmler als erster Mensch auf einem elektrischen Stuhl hingerichtet. Früh an jenem Morgen nahm er in Anzug und Krawatte sein Frühstück ein und sprach einige Gebete. Gegen 6.30 Uhr betrat Kemmler den Hinrichtungsraum und sagte: „Gentlemen, ich wünsche Ihnen allen viel Glück. Ich glaube, ich gehe an einen guten Ort, und ich bin bereit zu gehen.“ Der elektrische Stuhl war kurz zuvor als „menschlichere“ Alternative zum Hängen entwickelt worden.

Der Generator wurde auf 1000 Volt eingestellt und siebzehn Sekunden lang Strom durch Kemmlers Körper geleitet, aber Kemmler lebte noch, und so wurde die Spannung auf 2000 Volt erhöht. Die *New York Times* berichtete anschließend, dass „ein fürchterlicher Geruch die Todeskammer zu durchdringen begann ... und das Haar unter und rund um die Elektrode auf dem Kopf und das Fleisch unter und rund um die Elektrode am Rücken angesengt waren.“ Ein Journalist, der die Hinrichtung miterlebte, sagte, es war „ein schreckliches Spektakel, schlimmer als Hängen.“ George Westinghouse, der amerikanische Pionier der Elektroindustrie, kommentierte: „Sie hätten es besser mit einer Axt gemacht.“ In einer späteren Hinrichtung war ein Mann durch Stromschlag getötet worden, allerdings wurde der Delinquent kurz darauf im Obduktionsraum beim Atmen beobachtet. Es gibt Vorfälle, in denen der Kopf eines Menschen Feuer fing.

Der elektrische Stuhl wurde von Harold P. Brown und Arthur Kennelly erfunden, die beide für den Erfinder Thomas Edison arbeiteten, der zu jener Zeit ein Anhänger der Gleichstromelektrizität war. Edison setzte Wechselstrom für den elektrischen Stuhl ein, um unter anderem die Gefahr der konkurrierenden elektrischen Standards von Wechselstrom zu beweisen. Brown und Edison töten darüber hinaus öffentlich viele Tiere mit Wechselstrom, um seine letale Wirkung zu demonstrieren.

Die erste Frau, die auf dem elektrischen Stuhl hingerichtet wurde, war Martha Place im Jahr 1899. Obwohl der elektrische Stuhl einst die meist verbreitete Hinrichtungsmethode in den Vereinigten Staaten war – zwischen 1890 und 1972 gab es 4.521 solcher Tötungen – hat heute die Giftspritze (zumeist eine tödliche Dosis aus einem Barbiturat, einem atemlähmenden Mittel und Kaliumchlorid) weitgehend seinen Platz eingenommen.

Siehe auch Todesstrafe (um 1772 v. Chr.), Suizid (um 300 v. Chr.), Guillotine (1792), *Frankenstein* (1818), Quantenunsterblichkeit (1987)

Diese Darstellung der Hinrichtung William Kemmlers am 6. August 1890 erschien in dem bedeutenden französischen Journal *Le Petit Parisien*.

GEISTERTANZ

SITTING BULL (UM 1831–1890), WOVOKA ALIAS JACK WILSON (UM 1856–1932)

1890

Stellen sich vor, Sie würden um 1890 als Indianer im Westen der Vereinigten Staaten leben und hätten den Niedergang Ihrer Kultur, die Niederlage im Krieg, Hunger, Krankheit und die Einschränkung erdulden müssen, sich nur auf Stammesland aufzuhalten, das Ihnen von der Bundesregierung zugeteilt wurde. Man erwartete von einigen Indianern, dass sie ihre Kinder in Internate schickten, in denen es verboten war, indianische traditionelle Bildung und Sprache zu unterrichten. Welche Unterweisungen hätten Sie angesichts einer solch düsteren Situation akzeptiert, um Ihre Stimmung zu heben?

Der Geistertanz war Teil einer religiösen Bewegung, die der Prophet vom Stamm der Nördlichen Paiute aus Nevada Wovoka vorantrieb, der auch als Jack Wilson bekannt ist. Während einer Sonnenfinsternis am 1. Januar 1889 hatte Wovoka eine Vision und berichtete, er sei gestorben und Gott habe ihm den Auftrag erteilt, die Indianer einen neuen Tanz zu lehren, der zusammen mit dem richtigen Verhalten die Erneuerung der Welt herbeiführen würde einschließlich der Wiedervereinigung mit den Toten der Indianer. Der Geistertanz war vom Rundtanz abgeleitet, in dem Tänzer, die zu einem Kreis formiert waren, sich stundenlang singend zu Trommelschlägen im Uhrzeigersinn bewegten, wobei einige Tänzer in einen tranceartigen Zustand gerieten. Wovoka wies seine Leute an, einander zu lieben und in Frieden mit den Weißen zu leben. Er prophezeite ein Land voller Wild, im dem es weder Hunger noch Krankheiten gäbe. Wenn der fünftägige Geistertanz in den entsprechenden Zeitabständen durchgeführt würde, so Wovoka, würde dieses Zeitalter der Harmonie schon sehr bald anbrechen.

Die Nachricht vom Geistertanz verbreitete sich über fast den ganzen Westen der Vereinigten Staaten, wobei die Lakota-Sioux-Indianer der Großen Ebenen betonten, dass der Tanz auch die Vertreibung der Weißen von ihren Gebieten bewirken würde. Manche Indianer glaubten, dass „Geistertanzhemden" Kugeln abweisen könnten. Die Geistertanzbewegung ängstigte viele Weiße, was letztlich zum Massaker von 1890 in der Nähe des Wounded Knee Creek, South Dakota, führte, bei dem mindestens 153 Sioux getötet wurden, von denen die meisten Frauen und Kinder waren. Der Häuptling der Lakota Sitting Bull wurde bei einer versuchten Verhaftung von der Indianerpolizei erschossen, weil man befürchtete, er könne sich der Geistertanzbewegung anschließen.

Siehe auch Himmel (um 2400 v. Chr.), Elysische Gefilde (um 850 v. Chr.), Tag der Toten (1519), Kinder und *Capacocha* (1622), Sommerland (1845)

Diese Illustration eines Sioux-Geistertanzes erschien 1891 in den *London News* und ebenfalls 1891 in James P. Boyds Buch *Recent Indian Wars under the Lead of Sitting Bull, and Other Chiefs.*

SCHWABES DER TOD DES TOTENGRÄBERS

CARLOS SCHWABE (1866–1926)

1895

Der Tod ist in vielen Kulturen als ein überirdisches Wesen veranschaulicht worden, wobei seine Personifikationen vom geflügelten **Thanatos** der griechischen Mythologie bis zum **Sensenmann** reichen, einem Skelett mit Kapuzenumhang, der im 15. Jahrhundert aufkommt. In den Schriften des Hinduismus ist **Yama** der Gott des Todes, der auf einem Büffel reitet und ein Seil mit sich führt, um die Seelen in die Unterwelt (Naraka) zu bringen. 1895 erscheint im Westen eine besonders bekannte Darstellung im Gemälde *La mort du fossoyeur* (Der Tod des Totengräbers) des deutschen symbolistischen Malers Carlos Schwabe. Im Symbolismus, einer Kunstströmung des ausgehenden 19. Jahrhunderts, spielten Träume, Fantasie, Imagination, Mythologie und Spiritualität eine zentrale Rolle.

Der Todesengel wird im Gemälde vom geheimnisvollen grünlichen Licht der Kerze erleuchtet, die er in der rechten Hand hält, während er mit der linken eine erhebende Gebärde himmelan macht. Der **Totengräber** bewegt seine Hand zum Herz und lässt seine Schaufel fallen. In unmittelbarer Nähe dringen Lebenszeichen in Form kleiner Blütenknospen durch den schneeweißen Boden empor. Die von oben herabhängenden Zweige eines Baums sind zumeist kahl und der Schnee im Hintergrund sieht makellos und unberührt aus und bedeckt die friedlichen, stillen, gräulichen, aber beständigen Grabsteine hinter dem Engel.

In symbolistischen Kunstwerken verkörpern weibliche Figuren manchmal Schöpferkraft, Leiden oder Tod. Schwabes erste Ehefrau stand ihm Modell für seine Engel einschließlich der weiblichen Figur in *Der Tod des Totengräbers*. Als ein naher Freund Schwabes im Jahr 1894 verstarb, verstärkte sich sein Interesse an Tod und Sterben. Karl S. Guthke schreibt über Schwabes Todesengel: „Die Flügelspitzen des Engels ... reichen bis in das offene Grab hinein. Selbst die Farbgebung akzentuiert dieses paradoxe Ensemble von Tod und Leben. Die Natur, aus der der Mensch erlöst wird, ist winterlich weiß; der Todesengel ist in das satte Grün des Lebens gekleidet.“

Siehe auch Yama (um 1100 v. Chr.), Thanatos (um 700 v. Chr.), Engel (um 380), Sensenmann (1424), Totengräber (1651), *Ophelia* (1852)

Schwabes erste Ehefrau stand ihm Modell für den Todesengel in *Der Tod des Totengräbers*.

IM GARTEN DES TODES

HUGO GERHARD SIMBERG (1873–1917)

1896

Im Garten des Todes ist ein 1896 entstandenes Gemälde des finnischen Malers Hugo Simberg, der berühmt ist für seine Darstellungen des Todes und des Übernatürlichen. In diesem bekannten Gemälde sieht der Betrachter drei Skelette, die sich mit Hingabe Topfblumen widmen – eine schaurig-komische und makabre Szene, vor allem wegen des Skeletts in der Bildmitte, das scheinbar lächelt, während es eine Blume ergreift und sie dort hält, wo sein Herz wäre. Versucht das gerippenhafte Wesen vorzuspiegeln, dass der Tod nicht unbedingt traurig sein muss? Eine andere ungewöhnliche Nebeneinanderstellung ergibt sich aus der offensichtlichen Zusammengehörigkeit des Gegensatzpaares Blumen (Lebenssymbole) einerseits und den in Schwarz gekleideten Skeletten (Todessymbole) andererseits. Obwohl Simberg normalerweise seine Gemälde nicht erläuterte, weil er es vorzog, dass Betrachter seine Bilder selbst deuteten, so beschrieb er dennoch diesen besonderen Garten als den Ort, an den sich die Toten begeben, bevor sie in den **Himmel** aufsteigen.

Im Laufe der Jahre sind weitere Interpretationen des Gemäldes entstanden, so könnte es beispielsweise dem Betrachter suggerieren, dass Leben und Tod unlösbar miteinander verbunden sind – das eine ist ohne das andere nicht möglich. Darüber hinaus legt das Bild nahe, dass es vielleicht zwischen den Grenzbereichen von Leben und Tod jenseitige Übergangsreiche gibt. Die Sterbeforscherin Sandra L. Bertram schreibt: „Dieses Kunstwerk lädt den Betrachter dazu ein, über das Jenseits nachzudenken, Trost für ihr oder sein Ableben zu finden und keine Furcht vor dem zu haben, was passiert, nachdem der Körper aufgehört hat zu funktionieren."

Wenn man genau hinschaut, wird man feststellen, dass die Blumen nicht wie die Blumen sind, die man üblicherweise auf der Erde vorfindet: Einige ähneln spitzen achtzackigen und fünfzackigen Sternen, andere sehen aus wie dunkle Bälle auf gewundenen Stängeln. Einige Blumen sind weiß, andere schwarz. Wenn die Blumen für die Seelen von Menschen stehen, dann kann man den Garten als eine Art Fegefeuer begreifen, wo die Seelen geistige Nahrung und Unterstützung finden können, bevor sie ihre letzte Reise antreten. Obwohl das Gemälde eben und einfach gehalten ist, bemerkt der Betrachter einen Weg, der in die Ferne führt. Ist der Pfad der Ein- oder Ausgang dieses geheimnisvollen Gartens?

Siehe auch Himmel (um 2400 v. Chr.), *Das Gilgamesch-Epos* (um 2000 v. Chr.), Die vier Reiter der Apokalypse (um 70 n. Chr.), Sensenmann (1424), *Tod eines Geizhalses* (um 1490), Tag der Toten (1519), *Der verwundete Engel* (1903)

Im Garten des Todes, Hugo Simberg, Aquarell und Gouache, 15,8 x 17,5 cm.

„DIE AFFENPFOTE“

WILLIAM WYMARK JACOBS (1863–1943)

1902

„DIE AFFENPFOTE“ IST EINE SCHRECKENERREGENDE Kurzgeschichte des englischen Schriftstellers W. W. Jacobs, die für zahlreiche Bühnenstücke, Filme, Fernsehserien und sogar Opern adaptiert worden ist. Die Erzählung, die Tod, Furcht und Wiederbelebung auf schaurige Weise thematisiert, ist in mehr als siebzig Prosasammlungen aufgenommen worden und wurde in der Zeichentrickserie *Die Simpsons* parodiert.

In der 1902 erstmals erschienenen Erzählung erhalten Mr. und Mrs. White eine getrocknete Affenpfote, die drei Wünsche erfüllen kann. Als Mr. White 200 Pfund Sterling erbittet, um die letzte Zahlung für sein Haus zu leisten, erscheinen schon bald Angestellte einer Fabrik bei ihm zu Hause und überreichen ihm 200 Pfund Sterling als Entschädigung für den plötzlichen grauenvollen Tod von Herbert, dem geliebten Sohn des Ehepaars, der durch eine Maschine verstümmelt wurde – ein Detail, das den Leser vielleicht an die möglichen Qualen erinnert, die der zerstückelte Affe erlitten haben musste.

Tief betrübt nach der Beerdigung ihres Sohnes entscheidet sich das Ehepaar, erneut zu wünschen, dieses Mal, dass Herbert wieder lebendig wird und nach Hause zurückkehrt. Als es später an der Tür klopft, realisiert Mr. White, dass vermutlich der entstellte Körper ihres Sohnes draußen wartet, und seine Furcht steigt.

„Um Gottes willen, lass es nicht herein!“, ruft Mr. White, aber seine Frau ignoriert ihn und beginnt, die Haustür zu öffnen.

„Du hast vor deinem eigenen Sohn Angst?“, schreit sie. Ein Trommelfeuer aus Schlägen hallt durchs Haus, während Mr. White plötzlich die Affenpfote findet und verzweifelt seinen dritten und letzten Wunsch ausstößt. Das Klopfen hört plötzlich auf, wenngleich das Echo noch im Haus widerhallt. Die Tür öffnet sich. Ein kalter Windzug strömt ins Haus, und Mrs. White bricht in einen langen, lauten Klageruf voller Enttäuschung und Pein aus. Mr. White eilt an ihre Seite und draußen sieht er nur die flackernde Laterne, die eine stille und verlassene Straße erleuchtet.

Wie die klassische griechische Tragödie *König Ödipus* ist auch die Geschichte der Affenpfote eine Warnung an Leser, das Schicksal beeinflussen zu wollen. Der Philosoph Nicholas Rescher schreibt in einem Beitrag auch über „Die Affenpfote“ und merkt an, dass wir niemals sicher sein können „hinsichtlich unserer Fähigkeit, mit der Wirklichkeit zu spielen … indem wir irgendwie Mängel durch gutgemeintes Nachjustieren beseitigen.“ Wie können wir jemals wissen, dass Reparaturen am Gewebe der Realität langfristig bessere Ergebnisse hervorbringen werden?

Siehe auch Auferstehung (um 30 n. Chr.), Grabräuber (1832), Lovecrafts Wiedererwecker (1922), *Die Grasharfe* (1951), Zombies (1968)

In „Die Affenpfote“, einer furchterregenden Kurzgeschichte des englischen Schriftstellers W. W. Jacobs, erhalten Mr. und Mrs. White eine getrocknete Affenpfote, die drei Wünsche erfüllen kann.

DER VERWUNDETE ENGEL

HUGO GERHARD SIMBERG (1873–1917), RAINER MARIA RILKE (1875–1926)

1903

Der Dichter Rainer Maria Rilke veröffentlichte 1923 seine *Duineser Elegien*: intensive, mystische Gedichte, die sowohl Schönheit als auch Leiden zum Ausdruck bringen. Seine erste Elegie beginnt mit Engeln, dem Leitmotiv der Elegien:

Wer, wenn ich schriee, hörte mich denn aus
der Engel
Ordnungen? und gesetzt selbst, es nähme
einer mich plötzlich ans Herz: ich verginge
von seinem
stärkeren Dasein. Denn das Schöne ist nichts
als des Schrecklichen Anfang, den wir noch
grade ertragen,
und wir bewundern es so, weil es gelassen
verschmäht,
uns zu zerstören. Ein jeder Engel ist
schrecklich.

Rilkes Werke sind eine Reflexion über Leben und Tod, das Spirituelle und das Irdische und die Beziehung der Menschheit zur allumfassenden Schönheit. Andere Künstler haben Engel aus ergänzenden Perspektiven dargestellt und eine der verwirrendsten dieser alternativen Vorstellungen stammt vom finnischen Maler Hugo Simberg, der zwei Jahre vor Rilke geboren wurde. Simbergs Gemälde *Der verwundete Engel* (1903) zeigt einen Engel, der mit einem blutverschmierten Flügel und einer Binde über der Stirn auf einer Bahre sitzt. Der Kopf des Engels ist geneigt und in einer Hand hält er weiße Blumen. Die Landschaft ist trübe und öde. Die weißen Flügel bilden einen starken Kontrast zur dunklen Kleidung der beiden düster blickenden jungen Träger. Einer der Jungen schaut den Betrachter des Gemäldes direkt an. Welche Gefühle hat er? Ist er zornig auf die Menschheit, weil sie dem Engel Unrecht angetan hat? Trägt er den Engel an einen Ort, wo man ihm helfen kann? Was genau ist dem Engel widerfahren? Könnten die Jungen ihn in irgendeiner Weise verletzt haben? Der Sinn liegt im Auge des Betrachters.

Die Landschaft dieses faszinierenden und berühmten Gemäldes ist Helsinkis Eläintarha-Park und das Gewässer im Hintergrund ist die Töölö-Bucht. Der Pfad, auf dem die beiden Jungen gehen, verläuft auch heute noch am Ufer entlang. Simberg hat niemals öffentlich die intendierte Aussage seines Bildes enthüllt, da er wollte, dass die Betrachter ihre eigenen Gefühle und Deutungen an das Werk herantragen.

Interessanterweise waren sowohl Simberg als auch Rilke auf ihre Art „verwundet", was vermutlich ihre Kunst beeinflusste. Simberg erholte sich von einer Hirnhautentzündung, kurz bevor er sein Gemälde beendete, und Rilke schrieb seine Gedichte während und nach einer Phase heftiger Depressionen.

Siehe auch Engel (um 380), *Jakobs Traum* (um 1805), Tissots Kreuzigungsvision (um 1890), *Im Garten des Todes* (1896)

Der verwundete Engel, Öl auf Leinwand, 127 x 154 cm, Hugo Simberg.

AUF DER SUCHE NACH DER SEELE

HEROPHILOS VON CHALKEDON (325–280 V. CHR.), RENÉ DESCARTES (1596–1650), DUNCAN MACDOUGALL (1866–1920)

1907

Verschiedene Zukunftsforscher sind der Ansicht, dass infolge weiterer Erkenntnisse über die Hirnstrukturen Technologen eines Tages imstande sein werden, den Verstand zu simulieren oder auf einen Rechner hochzuladen. Diese Spekulationen setzen eine *materialistische* Sichtweise voraus, der zufolge der Geist aus der Hirnaktivität entsteht. Viele Denker halten allerdings an der Philosophie des Geist-Körper-Dualismus fest, die die Seele und die Materie als getrennte Substanzen betrachtet. Der französische Philosoph René Descartes vermutete, dass der Geist oder die „Seele" separat vom Gehirn existiere, aber durch die Zirbeldrüse mit ihm verbunden sei, die er „den Sitz der Seele" nannte. Der antike griechische Arzt Herophilos sezierte Köpfe und schlussfolgerte, dass die Seele im mit Flüssigkeit gefüllten Calamus scriptorius angesiedelt sei, einem Hohlraum im Boden des vierten Hirnventrikels.

1907 stellte der amerikanische Arzt Duncan MacDougall sechs sterbende Tuberkulosepatienten mitsamt ihren Betten auf Waagen. Er überlegte, dass die Waagen im Moment des Todes einen Gewichtsverlust anzeigen müssten, wenn die Seele austritt. Als Ergebnis seiner Experimente notierte er ein Gewicht der Seele von 21 Gramm. Leider waren weder er selbst noch andere Forscher in der Lage, diesen Befund zu reproduzieren.

Eine eher materialistische Sicht von Geist und Körper könnte durch Experimente gestützt werden, die nahelegen, dass Gedanken, Erinnerungen und Persönlichkeit durch die Schädigung von Gehirnarealen verändert werden können und dass Neuroimaging-Untersuchungen sowohl Gefühle als auch Gedanken abbilden können. Als ein kurioses Beispiel diene die Schädigung des rechten Frontallappens im Gehirn, die zu einer plötzlichen und leidenschaftlichen Lust auf Gourmet-Restaurants und edle Gerichte führen kann – eine Störung, die als *Gourmand-Syndrom* bezeichnet wird. Der Dualist Descartes hätte einwenden können, dass sich eine Hirnschädigung auf das Verhalten auswirkt, weil der Geist durch das Gehirn handelt. Wenn wir das Lenkrad eines Autos entfernen, verhält sich das Fahrzeug anders, das bedeutet aber nicht zwangsläufig, dass es keinen Fahrer gibt.

Siehe auch Séance (1848.), Tonbandstimmen (1956), Kryonik (1962), Hirntod (1968), *Interviews mit Sterbenden* (1969), Nahtoderfahrungen (1975)

Der Tod eines Bischofs ist der Titel einer mit Tempera und Blattgold ausgeführten Holztafel eines anonymen katalanischen Künstlers (15. Jh.). Am oberen Bildrand kämpfen ein Engel und ein Teufel um die Seele des sterbenden Bischofs, die seinen Körper verlässt.

月百姿

LETZTE WORTE STERBENDER

ROBERT ERSKINE CHILDERS (1870–1922), LENA BAKER (1901–1945), TIMOTHY FRANCIS LEARY (1920–1996), STEVEN PAUL JOBS (1955–2011)

1922

„Letzte Worte Sterbender sind wie die Abschlusszeile eines Haiku oder der verborgene Hinweis in den rätselhaften Faltungen eines Koan“, schreibt der Autor Alan Bisbort. „Das Einzige, was sich mit Sicherheit über sie sagen lässt, ist, dass alles, was nach ihnen folgt, unendliches Schweigen ist, das Geheimnis des Todes. ... Die Toten sind zu Wort gekommen und wir, die Lebenden, bleiben zurück, um darüber nachzusinnen, was ihre Worte bedeutet haben könnten.“ (Es ist natürlich möglich, dass manche letzte Worte nur wenig Sinn haben und das vereinzelte Ausströmen eines sterbenden Geistes sind.)

Letzte Worte werden auf viele Arten bekundet. Einige sind Teil einer förmlichen Erklärung, wie sie von einer Person geäußert wird, die kurz vor der Hinrichtung für ein Verbrechen steht. Erskine Childers, irischer Nationalist und Waffenschmuggler, richtete die folgenden mutigen Worte an das Exekutionskommando kurz vor seiner Erschießung: „Macht einen oder zwei Schritt nach vorn, Jungs. Das wird's leichter machen.“ Lena Baker, eine Afro-Amerikanerin und dreifache Mutter und die einzige Frau, die im Bundesstaat Georgia auf dem elektrischen Stuhl starb, war von ihrem Arbeitgeber mit einer Eisenstange bedroht worden und erschoss ihn. Unmittelbar nach der Tat stellte sie sich den Behörden. Anders als Childers versuchte sie, sich wenige Augenblicke vor ihrer Hinrichtung auf dem elektrischen Stuhl 1945 zu rehabilitieren: „Was ich tat, tat ich in Notwehr, sonst wäre ich selbst getötet worden. ... Ich bin bereit, meinen Gott zu treffen. Ich habe ein starkes Gewissen.“

Andere, weniger bewusst ausgesprochene letzte Sätze angesichts des nahenden Todes sind eher kryptisch. Die letzten Worte des amerikanischen Psychologen Timothy Leary, der den freien Zugang zu psychedelischen Drogen propagierte, waren „Warum nicht“, die er in verschiedenen Betonungen wiederholte, und schließlich „Wunderschön“. Der Computerpionier Steve Jobs soll rätselhaft gesagt haben: „Oh wow. Oh wow. Oh wow.“ Wenngleich dies mitnichten eine wissenschaftliche Untersuchung war, so haben einige Hospizschwestern, die tausende Sterbende beobachteten, bei letzten Worten gewisse mögliche Gemeinsamkeiten festgestellt. So wies die amerikanische Hospizschwester Maggie Callanan darauf hin, dass Sterbende häufig Reisemetaphern für den Tod benutzen und davon sprechen, sich auf eine Reise vorbereiten zu müssen.

Siehe auch Epitaphe (um 480 v. Chr.), Märtyrer (um 135), Nachrufe (1731), *Der Tod des Iwan Iljitsch* (1886), Kamikazepiloten (1944), *Interviews mit Sterbenden* (1969)

Nach dem Verfassen eines „Todesgedichts“ bereitet sich General Akashi Gidayu darauf vor, Seppuku (ritueller Selbstmord) zu begehen, weil er 1582 eine Schlacht verloren hatte. Der japanische Künstler Yoshitoshi Tsukioka (1839–1892) stellte um 1890 diesen Holzschnitt her.

HELL ON EARTH — A Novelette of Satan in a Tuxedo — By ROBERT BLOC
Weird Tales
MARCH
15¢
NEW
OVECRAFT
ERIES . . .

LOVECRAFTS WIEDERERWECKER

HOWARD PHILLIPS LOVECRAFT (1890–1937), DAVID PAUL CRONENBERG (GEB. 1943), STEPHEN EDWIN KING (GEB. 1947), JOHN HOWARD CARPENTER (GEB. 1948)

1922

„Oft ist behauptet worden, dass die Lektüre von Horrorliteratur eine Möglichkeit ist, den Tod zu proben, mit unserer eigenen Sterblichkeit zu kokettieren, ohne es bis ans Ende durchzuziehen", meint der amerikanische Romanautor Poppy Brite. „Vielleicht verdankt H. P. Lovecraft einen beträchtlichen Teil seiner postumen Beliebtheit einer zutiefst erschütterten Leserschaft nach dem Zweiten Weltkrieg, die versuchte, die Tatsache zu bewältigen, dass das Universum sich ganz einfach nicht für die Menschheit interessierte."

Der amerikanische Schriftsteller H. P. Lovecraft ist einer der bedeutendsten Horrorautoren aller Zeiten, der großen Einfluss auf eine Reihe von Meistern ihres Fachs ausübte, zum Beispiel auf den Romanschriftsteller Stephen King und die Filmemacher John Carpenter und David Cronenberg. Lovecrafts Erzählung „Herbert West – Reanimator" („Herbert West – Der Wiedererwecker") von 1922 ist berühmt für die Schilderung zombie-ähnlicher Wesen, die wissenschaftlich wiederbelebt werden, und weil sie die Vorlage für den Kulthorrorfilm *Re-Animator* von 1985 lieferte.

In Lovecrafts Geschichte erfahren wir, dass der brillante, narzisstische Herbert West noch auf dem College „mit seinen schrecklichen Experimenten begonnen hatte, zuerst an kleinen Tieren und dann an menschlichen Leichen, die er sich auf eine abstoßende Art verschaffte. Es gab eine Lösung, die er in die Venen der toten Geschöpfe injizierte, und sie reagierten auf merkwürdige Weise, wenn sie frisch genug waren." Wests gescheiterte Experimente erzeugten „unbeschreibliche Dinge, die auf eine fehlerhafte Lösung oder ungenügend frische Leichen zurückzuführen waren." Am Schluss der Erzählung findet er den Tod, als ihn zombie-ähnliche Wesen angreifen. „...und ich sah gegen ein phosphoreszierendes Leuchten aus dem Jenseits eine Schar schweigender, schwer arbeitender Geschöpfe sich abheben, die nur der Wahnsinn – oder Schlimmeres – zu schaffen vermochte. Ihre Umrisse waren menschlich, halbmenschlich, teilweise menschlich und gar nicht menschlich – die Horde war grotesk verschiedenartig."

Ein Großteil der Lovecraftschen Sammlung gruseliger Prosa führt in die tiefsten Winkel kosmischen Horrors. Die amerikanische Schriftstellerin Barbara Hambly schreibt: „Lovecraft war ein Mann mit einer Vision der Welt: verwunderlich, makaber, verworren wie ein Giger-Bild. Sein Sinn für Kosmen, die aus Kosmen münden, für dunkle Abgründe, die in ihrem Innersten die Eingänge zu weiteren Abgründen verdecken, durchzieht fast alles, was er geschrieben hat, mit einer Atmosphäre, nicht aus Horror, sondern aus Wunder."

Siehe auch Golem (1580), *Frankenstein* (1818), Grabräuber (1832), „Der Rabe" (1845), Cotard-Syndrom (1880), „Die Affenpfote" (1902), Hirntod (1968), Zombies (1968)

Der Umschlag des Magazins *Weird Tales* bildet in seiner Märzausgabe von 1942 Lovecrafts „Herbert West – Reanimator" ab. Das Design stammt von Hannes Bok, einem Pseudonym von Wayne Woodard (1914–1964).

VÖLKERMORD

RAPHAEL LEMKIN (1900–1959), ALAIN DESTEXHE (GEB. 1958)

1944

Obwohl der Völkermord oder Genozid vermutlich seit Beginn der Menschheit betrieben wurde, wurde der Begriff *Genozid* erst 1944 geprägt, als der polnisch-jüdische Jurist Raphael Lemkin ihn aus dem griechischen Wort *génos* („Herkunft, Abstammung, Geschlecht, Rasse") und dem lateinischen *caedere* („morden, metzeln") schuf, um die systematische Vernichtung einer Gruppe von Menschen wegen ihrer Religion, Volkszugehörigkeit oder anderer Eigenschaften zu beschreiben. In der 1948 von der Generalversammlung der Vereinten Nationen beschlossenen „Konvention über die Verhütung und Bestrafung des Völkermordes" wird Völkermord definiert als „eine der folgenden Handlungen, die in der Absicht begangen wird, eine nationale, ethnische, rassische oder religiöse Gruppe als solche ganz oder teilweise zu zerstören: Tötung von Mitgliedern der Gruppe; Verursachung von schwerem körperlichem oder seelischem Schaden an Mitgliedern der Gruppe; vorsätzliche Auferlegung von Lebensbedingungen für die Gruppe, die geeignet sind, ihre körperliche Zerstörung ganz oder teilweise herbeizuführen; Verhängung von Maßnahmen, die auf die Geburtenverhinderung innerhalb der Gruppe gerichtet sind; gewaltsame Überführung von Kindern der Gruppe in eine andere Gruppe."

Frühe Beispiele, die zumindest einige Elemente eines Völkermords erfüllen, stammen aus dem Alten Testament, etwa als Gott die Hebräer auffordert, den Stamm der Amalekiter auszurotten (1 Samuel 15,3). Was häufig angeführte Beispiele aus dem 20. Jahrhundert betrifft, so gehört die Auslöschung von rund sechs Millionen Juden, Roma und anderer Gruppen durch das nationalsozialistische Deutschland während des Zweiten Weltkriegs dazu. Auch die Massaker von 1915 an den Armeniern durch das Osmanische Reich umfassten die Vertreibung von Frauen, Kindern und älteren sowie gebrechlichen Menschen auf Todesmärschen in die syrische Wüste. 1994 massakrierte die Mehrheit der Hutu in einem Zeitraum von nur einhundert Tagen nicht weniger als eine Million Tutsi und gemäßigte Hutu im afrikanischen Staat Ruanda. Wie der belgische Politiker Alain Destexhe bemerkte, geht Völkermord über die Bedeutung des Begriffs Massenmord hinaus, der den Anlass eines Völkermords nicht berücksichtigt, welcher nämlich die Ermordung von Menschen einschließt, nur weil sie existieren oder weil sie als Teil einer wertlosen oder feindlichen Gruppe angesehen werden. Die hier genannten Vorgänge „ethnischer Säuberung" führten 2002 zur Schaffung eines Internationalen Strafgerichtshofs.

Siehe auch Todesstrafe (1772 v. Chr.), Guillotine (1792), Aussterben (1796), *Interviews mit Sterbenden* (1969), Todesschwadronen (1980), Dunkler Tourismus (1996)

„Killing Fields"-Gedenkstätte Wat Thmei (Siem Reap, Kambodscha). Während der 1970er-Jahre richtete das Regime der Roten Khmer fast zwei Millionen Menschen hin, darunter diejenigen, die verdächtigt wurden, Verbindungen zur ehemaligen Regierung oder zu ausländischen Staaten zu unterhalten, kambodschanische Christen, buddhistische Mönche, Intellektuelle und ethnische Vietnamesen, Thái sowie Chinesen.

KAMIKAZEPILOTEN

MOTOHARU OKAMURA (1901–1948), ICHIZO HAYASHI (UM 1922–1945)

1944

Das Wort Kamikaze (was „göttlicher Wind“ bedeutet) bezieht sich auf die japanischen Piloten, die im Zweiten Weltkrieg Selbstmord begingen, indem sie absichtlich mit ihren Flugzeugen auf feindliche Ziele stürzten, vor allem Schiffe. Der japanische Marineflieger Motoharu Okamura schlug diese Angriffe vor, die 1944 als verzweifelte Reaktion auf die überlegenen amerikanischen Streitkräfte begannen. Die Maschinen wurden oft mit zusätzlichen Sprengstoffen beladen, und mindestens siebenundvierzig alliierte Schiffe wurden infolge der Angriffe versenkt. Rund 4.000 Kamikazepiloten verloren ihr Leben. Im Allgemeinen hatten Kamikazepiloten weniger Erfahrung und Training als alliierte Flieger, sodass die Selbstmordflugzeuge oft relativ einfache Ziele boten.

Auch wenn einige Kamikazepiloten aus Patriotismus handelten und stolz darauf waren, für die Sache zu sterben, war das Kamikazetraining grausam und qualvoll, zu dem unter anderem heftige Schläge ins Gesicht und Zwang gehörten. Der Terrorismusexperte Ariel Merari schreibt: „Die Kamikazepiloten zeigen, dass die Aussicht auf das [religiöse] Paradies kein notwendiger Faktor ist für die Bereitschaft, Selbstmordangriffe zu verüben ... Das Kamikazephänomen ist eine Demonstration der Macht einer militärischen Organisation als Quelle äußersten sozialen Drucks.“

Piloten wurde gesagt, niemals ihre Augen zu schließen, wenn sie sich ihren Zielen näherten, während sie ihre speziellen Stirnbänder und einen „Gürtel der tausend Stiche“ trugen, der von tausend Frauen angefertigt wurde, wobei jede einen einzelnen Stich machte. Bevor die Kamikazepiloten zu ihren Einsätzen aufbrachen, verfassten und lasen sie oft ein Todesgedicht in einer Tradition, die auf die Samurai zurückgeht. Eines dieser Gedichte lautete: „Ich konnte in der Schule 300 Gedichte auswendig aufsagen. Ich war ein kluger Junge – die Frauen auf dem Markt zwinkerten mir zu – ich war von ihrer Anmut entflammt. Jetzt brenne ich.“

In seinem Abschiedsbrief an seine Mutter vor seinem letzten Flug im April 1945 schrieb der Kamikazepilot Ichizo Hayashi: „Ich freue mich, die Ehre zu haben, zum Mitglied einer Sondereinheit gewählt worden zu sein, die auf dem Weg an die Front ist ... Wenn ich über die Hoffnungen nachdenke, die du für meine Zukunft hattest ... Ich fühle mich so traurig, dass ich sterben werde, ohne irgendetwas zu tun, um dir Freude zu bereiten.“

Siehe auch Suizid (um 300 v. Chr.), Märtyrer (135), Kinder und *Capacocha* (1622), Letzte Worte Sterbender (1922)

Der Flugzeugträger *USS Bunker Hill* wurde im Mai 1945 bei einem Angriff von zwei Kamikazeflugzeugen schwer getroffen und fast 400 Besatzungsmitglieder kamen dabei ums Leben.

DIE GRASHARFE

TRUMAN STRECKFUS PERSONS, ALIAS TRUMAN CAPOTE (1924–1984)

1951

DIE GRASHARFE, EIN 1951 VON TRUMAN CAPOTE verfasster Roman, schildert eine mystische Methode, um mit den Toten zu kommunizieren, was Leser jahrzehntelang verzauberte. Dolly Talbo, eine der Hauptpersonen der Geschichte, erzählt, dass sie die Stimmen der Verstorbenen in den Geräuschen des windbewegten Grases hört.

Schon früh im Buch beschreibt Dolly ein Feld in der Nähe eines an einem Hang gelegenen **Friedhofs** mit hohem Präriegras, das mit den Jahreszeiten seine Farbe wechselt. Der Leser stellt sich vor, das Gras zu sehen, „wenn es sich rötet wie die untergehende Sonne, wenn Scharlachschatten wie ein Glutschein darüberhuschen und die Herbstwinde seufzend aus seinen dürren Halmen Menschentöne locken – eine Harfe von Stimmen." Bald darauf fragt Dolly: „Hörst du's? Das ist die Grasharfe, die immer eine Geschichte erzählt – sie weiß die Geschichten aller Leute dort vom Hügel, aller, die jemals lebten, und wenn wir tot sind, wird sie auch die unsere erzählen." Dolly kann sogar die Stimme ihres toten Vaters im Gras hören, wenn der Wind „unsere Stimmen sammelt, sie bewahrt und sie wispernd und flüsternd durch das Laub und durch die Felder schickt."

Durch alle Zeiten hindurch haben viele Menschen die Zufälligkeit der Natur in der Absicht benutzt, mit Geistern zu reden oder um die Zukunft vorherzusagen. Die Alten deuteten beispielsweise die Wolkenbewegungen, die Blitze, die Geräusche von Strömen und rauschenden Blättern, den Vogelflug, das Verhalten von Hühnern, wenn sie gefüttert wurden, und die Pfade heiliger Pferde. In der Neuzeit haben Hörer versucht, die Stimmen der Toten in Aufnahmen wahrzunehmen, die Hintergrundgeräusche enthalten (siehe dazu **Tonbandstimmen**).

Im alten Tibet und China haben Wahrsager, die ihre Vorhersagen auf den Bewegungen des Winds stützten, den Meeresmuscheln zugehört, die sie ans Ohr hielten, um die Zukunft zu prophezeien. Der Okkultismusforscher Donald Tyson schreibt: „Wenn Sie an einer Meeresmuschel lauschen und ihr erlauben, Ihren Verstand in einen aufnahmebereiten Zustand zu lullen, werden Sie beginnen, Bruchstücke einer entfernten Unterhaltung auszumachen. ... Während dieser gespenstische Garten deutlicher wird, könnten Sie herausfinden, dass eine oder mehrere der Stimmen ... Sie in eine Unterhaltung verwickeln werden."

Siehe auch Totenbeschwörung (um 850 v. Chr.), Friedhöfe (1831), Séance (1850), *Ophelia* (1852), „Die Affenpfote" (1902), Tonbandstimmen (1956)

Dolly hört die Stimmen der Toten in den Geräuschen des windbewegten Grases in der Nähe eines an einem Hang gelegenen Friedhofs. Sie sagt über die Grasharfe, dass sie „unsere Stimmen sammelt, sie bewahrt und sie wispernd und flüsternd durch das Laub und durch die Felder schickt."

HERZ-LUNGEN-REANIMATION

JAMES OTIS ELAM (1918–1995), PETER SAFAR (1924–2003)

1956

ALS HERZ-LUNGEN-REANIMATION ODER -Wiederbelebung bezeichnet man die lebensrettenden Sofortmaßnahmen bei Herz- und Atemstillstand. Oft wird damit die Zeit bis zum Eintreffen von medizinischem Fachpersonal überbrückt. Die Technik umfasst die Herzdruckmassage (rhythmisches Niederdrücken des Brustkorbs, um den Blutfluss in Gang zu halten) und die Beatmung durch Atemspende oder ein Hilfsgerät, bei Bedarf auch den Einsatz eines Defibrillators, der den Herzschlag normalisiert. Eher noch als die Atemspende steht heute die Herzdruckmassage im Vordergrund, vor allem, wenn die Ersthelfer medizinische Laien sind.

1956 begann der österreichische Arzt Peter Safar mit Experimenten am Menschen, um zu ergründen, ob die Mund-zu-Mund-Beatmung genügend Sauerstoff liefert, um den Patienten am Leben zu erhalten. Mit dem Gift Curare lähmte er die Atemmuskulatur von einunddreißig Freiwilligen und überwachte dann mehrere Stunden lang unter Atemspende die Sauerstoff- und Kohlendioxidspiegel in ihrem Blut. So konnte er nachweisen, dass die ausgeatmete Luft genügend Sauerstoff enthielt, um die Atemspende als lebensrettende Maßnahme zu etablieren. Ausgehend von seinen eigenen Experimenten und den Arbeiten von Kollegen wie James Elam entwickelte Safar gemeinsam mit einem norwegischen Puppenmacher die Trainingspuppe *Resusci Anne*. In seinem 1957 veröffentlichten Buch empfahl Safar die noch heute übliche Kombination aus Freimachen der Atemwege, Beatmung und Herzdruckmassage. Diese Publikation bildete die Grundlage für das weltweit praktizierte Wiederbelebungstraining.

Schon die Bibel schildert, wie der Prophet Elisa seinen Mund auf den eines toten Kindes legt und es wiederbelebt (2 Könige 4,33). Die Niederländische Lebensrettungsgesellschaft riet in ihren 1767 herausgegebenen Leitlinien, Ertrunkene warmzuhalten, sie mit Atemspende zu beatmen und ihnen „den Rauch von brennendem Tabak ins Rektum zu blasen“. Andere Methoden erwiesen sich gelegentlich als nützlich, etwa wenn man den Betroffenen bäuchlings auf ein Fass legte und hin und her rollte oder auf ein trabendes Pferd band.

Siehe auch Auferstehung (um 30 n. Chr.), Lebendig begraben (1844), Kryonik (1962), Hirntod (1968), Verzicht auf Wiederbelebung (1976)

Im Alten Testament (2 Könige 4,33) legt der Prophet Elisa seinen Mund auf den Mund eines toten Jungen und kann das Kind so wiederbeleben. Diese Darstellung von Elisa und dem Knaben wurde 1854 vom russischen Künstler Pawel Fedorowitsch Pleschanow (1829-1882) gemalt.

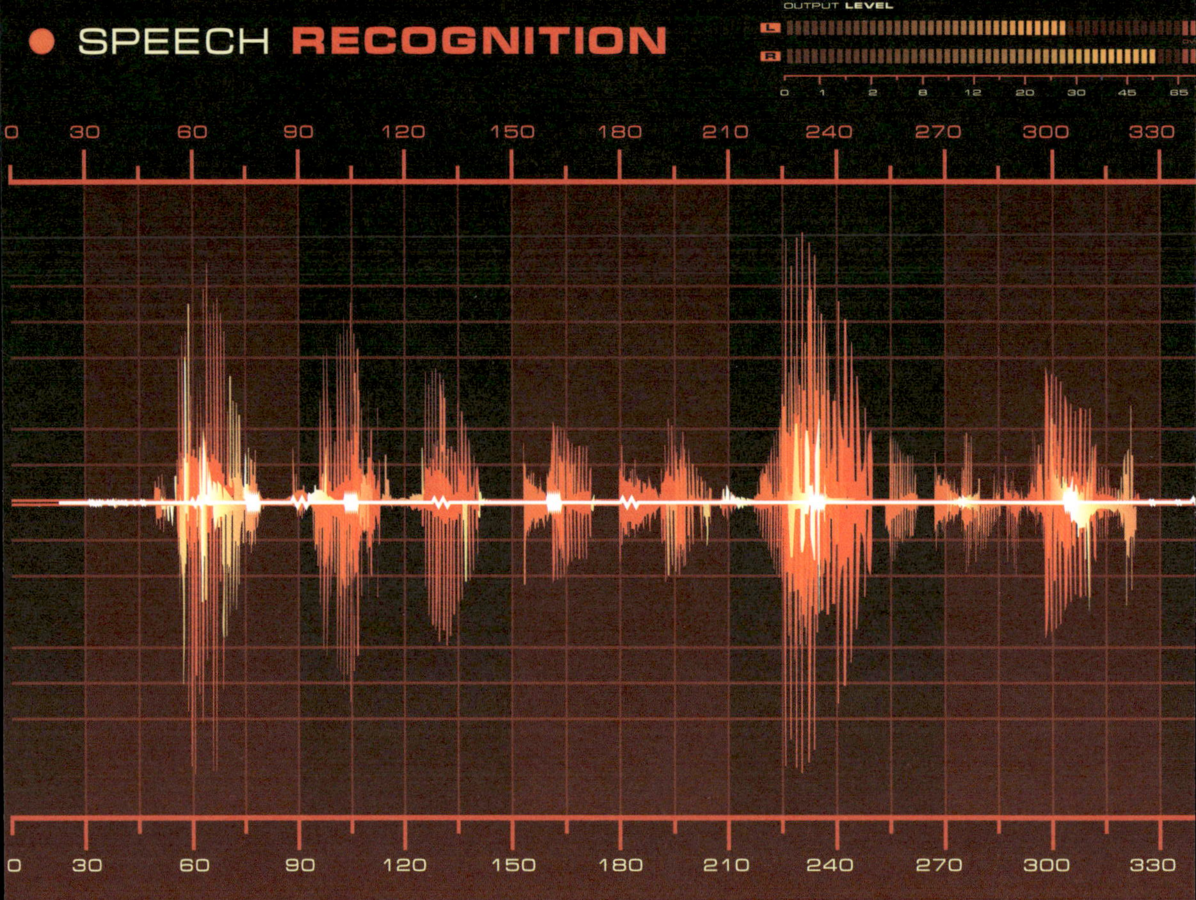
SPEECH RECOGNITION
OUTPUT LEVEL
L
R
0 1 2 8 12 20 30 45 65
0 30 60 90 120 150 180 210 240 270 300 330
0 30 60 90 120 150 180 210 240 270 300 330

TONBANDSTIMMEN

THOMAS ALVA EDISON (1847–1931), NIKOLA TESLA (1856–1943), FRIEDRICH JÜGENSON (1903–1987), KONSTANTIN RAUDIVE (1909–1974), ERNST SENKOWSKI (1922–2015), SARAH WILSON ESTEP (1926–2008)

1956

Der Erfinder und Elektroingenieur serbischer Abstammung Nikola Tesla, der berühmt wurde durch seine Arbeiten zum Wechselstrom, hielt 1917 eine Rede, in der er seine Überzeugung bekundete, dass „die größten Geheimnisse unseres Seins noch ausgelotet werden müssen und ... der Tod selbst nicht das Ende der wunderbaren Metamorphosen sein muss, die wir miterleben." 1920 sagte der amerikanische Erfinder Thomas Edison in einem Interview, das später im *American Scientific* veröffentlicht wurde, dass niemand weiß, ob „unsere Persönlichkeiten in eine andere Existenz oder Sphäre übergehen", aber „es ist möglich, einen Apparat zu konstruieren, der so empfindlich ist, dass wenn es in einer anderen Existenz oder Sphäre Persönlichkeiten gibt, die wünschen, mit uns in dieser Existenz oder Sphäre in Kontakt zu treten, dieser Apparat ihnen dann zumindest eine bessere Gelegenheit bietet, sich selbst auszudrücken als die ... Ouijabretter und Medien. ..."

Heute verweist der Begriff Tonbandstimmen (Elektronisches Stimmen-Phänomen) auf geheimnisvolle Töne, die in verstärkten Aufzeichnungen mit Hintergrundgeräuschen menschlicher Sprache ähneln. Skeptiker legen allerdings nahe, dass alle mitgehörten „Stimmen" das Ergebnis von Pareidolien sein könnten, zufällig wahrgenommenen Reizen, denen unangemessene Bedeutung zuerkannt wird, wie zum Beispiel Wolken, in denen man das Gesicht der Jungfrau Maria zu sehen meint.

Um 1956 glaubte der amerikanische Fotograf Attila von Szalay mit einem Magnettonbandgerät Geisterstimmen aufgenommen zu haben, wenngleich es bemerkenswert ist, dass die unkörperlichen Personen lediglich profane Botschaften hatten wie „Dies ist G!", „Hot dog, Art!" und „Allen fröhliche Weihnachten und ein gutes neues Jahr". Der schwedische Maler, Opernsänger und Dokumentarfilmer Friedrich Jürgenson entfachte um 1959 die Begeisterung für Tonbandstimmen, als er berichtete, dass er während des Abhörens einer Aufnahme, die er von Vögeln im Wald gemacht hatte, seine Mutter gehört habe, die seinen Namen rief. Andere berühmte Forscher und Förderer auf diesem Gebiet sind unter anderem der lettische Psychologe Konstantin Raudive, Sarah Estep (die 1982 die American Society of Voice Phenomena gründete) und der deutsche Physiker Ernst Senkowski, der in den 1970er-Jahren den Begriff *Instrumentelle Transkommunikation* prägte, die für das Aufnehmen von Kommunikation eine Reihe weiterer elektronischer Geräte einschließt, etwa Faxgeräte, Fernsehbildschirme und Digitalrechner.

Siehe auch Totenbeschwörung (um 850 v. Chr.), Séance (1850), Die Seelensucher (1907), *Die Grasharfe* (1951)

Der Begriff Tonbandstimmen (Elektronisches Stimmen-Phänomen) verweist auf geheimnisvolle Töne, die in verstärkten Aufzeichnungen mit Hintergrundgeräuschen menschlicher Sprache ähneln. In der hier abgebildeten Sprachwellenform verläuft die Zeit entlang der Abszissenachse (*x*-Achse), die Schallamplitude entlang der Ordinatenachse (*y*-Achse).

I. Faloe
I. Stromo
I. Snynoe
Isles de Fero
I. Sandoe
I. Suydro
I. Vust
Fulo
I. Maule
I. de Schetland
75
I. Sand
I. Faire
I. Panonia
Isles Orcades
C. Dungisby
I. Lewis
C. de Nos
G. de Muray
I St. Kildas
Buchannes
Rokol
Isles de l'Ouest
Elgin
ECOSSE
Aberdeene
Edimbourg
Barvic
Londonderi
IRLANDE
Carlile
ANGLETERRE
Yorc
Gallouay
Dublin
Chester
B. de Gallouay
Limerik
Yarmouth
Cardigan
Oxford
Londres
les Skilings
Corke
G. de S. Georges
Falmouth
Weymouth
Douvre
I. de Wight
C. Clare
C. Cornual
LA MANCHE
les Sorlingues
C. Lezard
Honfleur
I. d'Ouessant
Brest
S. Malo

GOLDINGS ÜBERGANGSWELT

WILLIAM GERALD GOLDING (1911–1993), TERENCE FRANCIS EAGLETON (GEB. 1943)

1956

Man stelle sich die heillose Verwirrung im Augenblick des Todes in einem Inseluniversum vor, das vielleicht nur Millimeter entfernt von unserem eigenen in einer anderen Dimension mit Ranken des Bewusstseins liegt, die Vergangenheit und Gegenwart miteinander verbinden. Das geheimnisvolle Abbild eines jenseitigen Universums mit seltsamem Wetter und Steinküsten wurde 1956 in William Goldings Roman *Pincher Martin* (dt. Die Felsen des zweiten Todes) geschaffen, in dem der Protagonist der einzige Überlebende eines im Zweiten Weltkrieg von Torpedos getroffenen Zerstörers ist. Martin kann sich auf eine abgelegene Felseninsel retten und versucht am Leben zu bleiben, indem er nach Wasserpfützen und Meerespflanzen sucht. Während der Schlüsselszene des Buches ist er einem Sturm mit schwarzen Blitzen ausgesetzt. Der englische Literaturkritiker Terry Eagleton kommentiert, dass wenn wir es versäumt haben, im Leben gebende Menschen zu sein, wir dann „in der Falle sitzen wie ... Pincher Martin in einer **Hölle**, die die Unfähigkeit ist zu sterben. Am Ende von Goldings Roman ist Martin geschrumpft auf zwei riesige, hummerartige Klauen, die seine dunkle Egozentrik beharrlich vor den ‚schwarzen Blitzen' der rücksichtslosen Gnade Gottes schützen."

Der Leser erkennt nur langsam, dass Martin schon früh zu Beginn des Buches in unserem wirklichen Universum gestorben ist, was dem Leser einen Schock versetzt durch die Vorstellung der Möglichkeit eines fortdauernden Bewusstseins nach dem Tod. Der Autor Philip Redpath schreibt, dass die „schwarzen Blitze eine Manifestation göttlicher Macht sind ... Golding ist dunkel, weil Worte versagen, um für ihn auszudrücken, was die Wahrheit hinter göttlicher Gerechtigkeit und Vergeltung ist."

Im Gegensatz zu anderen Einträgen in diesem Buch wie **Nahtoderfahrungen**, Platons Erzählung von Er oder das ***Gilgamesch-Epos*** ist Martin nicht imstande, Nachrichten über die liminale Welt an der Schwelle alltäglicher Wahrnehmung und Existenz zu verbreiten. Als Golding in einem Radiointerview gefragt wurde, sein geheimnisvolles Ende zu erläutern, antwortete er: „Um Erlösung zu erreichen, muss Individualität – die Persona – zerstört werden. Aber angenommen, der Mann ist nichts anderes als Gier? Sein ursprünglicher Geist ... ist hoffnungslos verdunkelt durch sein Verlangen nach unabhängigem individuellem Leben. Was kann er bei Eintritt des Todes anderes machen als sich weigern, zerstört zu werden, und eine Welt bewohnen, die er aus halb erinnerten Fetzen körperlichen Lebens erfindet."

Siehe auch *Das Gilgamesch-Epos* (um 2000 v. Chr.), Hölle (um 400 v. Chr.), Äußere Finsternis (um 80 n. Chr.), *Der Tod des Iwan Iljitsch* (1886), Das Jenseits in einer Simulation (1967), Nahtoderfahrungen (1975), Quantenunsterblichkeit (1987)

Rockall (oder Rokol), eine kleine, unbewohnte und abgelegene Felseninsel im Nordost-Atlantik, wurde oft für den geheimnisvollen Schauplatz der jenseitigen Welt in *Martin Pincher* gehalten. Diese Karte des französischen Geografen Jacques-Nicolas Bellin (1703–1772) von 1772 zeigt das Gebiet rund um Rockall.

TRANSHUMANISMUS

JULIAN SORELL HUXLEY (1887–1975), MAX MORE (GEB. 1964)

1957

Im Buch *New Bottles for New Wine* (dt. Neue Flaschen für neuen Wein) prägte der Biologe Julian Huxley 1957 den Begriff *Transhumanismus,* als er vorschlug: „Die menschliche Spezies kann über sich selbst hinauswachsen, wenn sie es möchte – nicht nur sporadisch, ein Individuum auf die eine Art, ein anderes auf eine andere Art und Weise, sondern als Gesamtheit, als Menschheit. Wir brauchen einen Namen für diese neue Überzeugung. Vielleicht kann Transhumanismus dienen: Der Mensch bleibt Mensch, aber er transzendiert sich selbst durch die Verwirklichung neuer Möglichkeiten in und über seine menschliche Natur. ... die menschliche Art wird an der Schwelle einer neuen Art von Existenz stehen, so verschieden von unserer wie die unsere von der des Pekingmenschen. Sie wird schließlich bewusst ihre wahre Bestimmung erfüllen."

Das moderne Konzept des Transhumanismus, wie es der Philosoph und Zukunftsforscher Max More und andere verfechten, schließt für gewöhnlich die Anwendung von Technologien ein, die die menschlichen mentalen und physischen Fähigkeiten steigern sollen, um Menschen „posthuman" zu machen. Angesichts unseres technischen Fortschritts und Verständnisses der biologischen Grundlagen des Alterns könnten wir sogar noch in diesem Jahrhundert unsterblich werden durch Gentechnik, Robotik, Nanotechnologie, Computer oder Hochladen des menschlichen Bewusstseins in virtuelle Welten. Unsterblichkeit ist keine so seltene Erscheinung; einige wirbellose Tiere wie bestimmte Arten von Süßwasserpolypen und Quallen sind im Grunde genommen unsterblich.

Wenn Ihr Körper unbegrenzt überleben könnte, würden „Sie" tatsächlich fortbestehen? Wir alle verändern uns durch unsere Erfahrungen und üblicherweise sind diese Veränderungen sukzessive, das heißt, dass Sie fast die gleiche Person sind, die Sie vor einem Jahr waren. Wenn Ihr normaler oder weiterentwickelter Körper jedoch für tausend Jahre ununterbrochen existieren würde, würden sich allmählich psychische Veränderungen kumulieren und vielleicht würde eine völlig andere Person schließlich Ihren Körper bewohnen. Diese tausend Jahre alte Person, dieser orchideenartige Osymandias, könnte so ganz und gar nichts mit Ihnen zu tun haben. Es würde keinen Todesmoment geben, an dem Sie aufgehört hätten zu existieren, stattdessen würden Sie im Laufe der tausend Jahre langsam vergehen wie ein Zuckerstück, das sich im Wasser auflöst.

Siehe auch *Das Gilgamesch-Epos* (um 2000 v. Chr.), *Frankenstein* (1818), Kryonik (1962), Das Jenseits in einer Simulation (1967), Quantenunsterblichkeit (1987), Programmierter Zelltod (2002)

Der amerikanische Wissenschaftler und Ökonom Yoshihiro Francis Fukuyama (geb. 1952) hat den Transhumanismus, der zumeist die Anwendung von Technologien umfasst, um die menschlichen mentalen und physischen Fähigkeiten zu steigern, als die weltweit gefährlichste Idee bezeichnet.

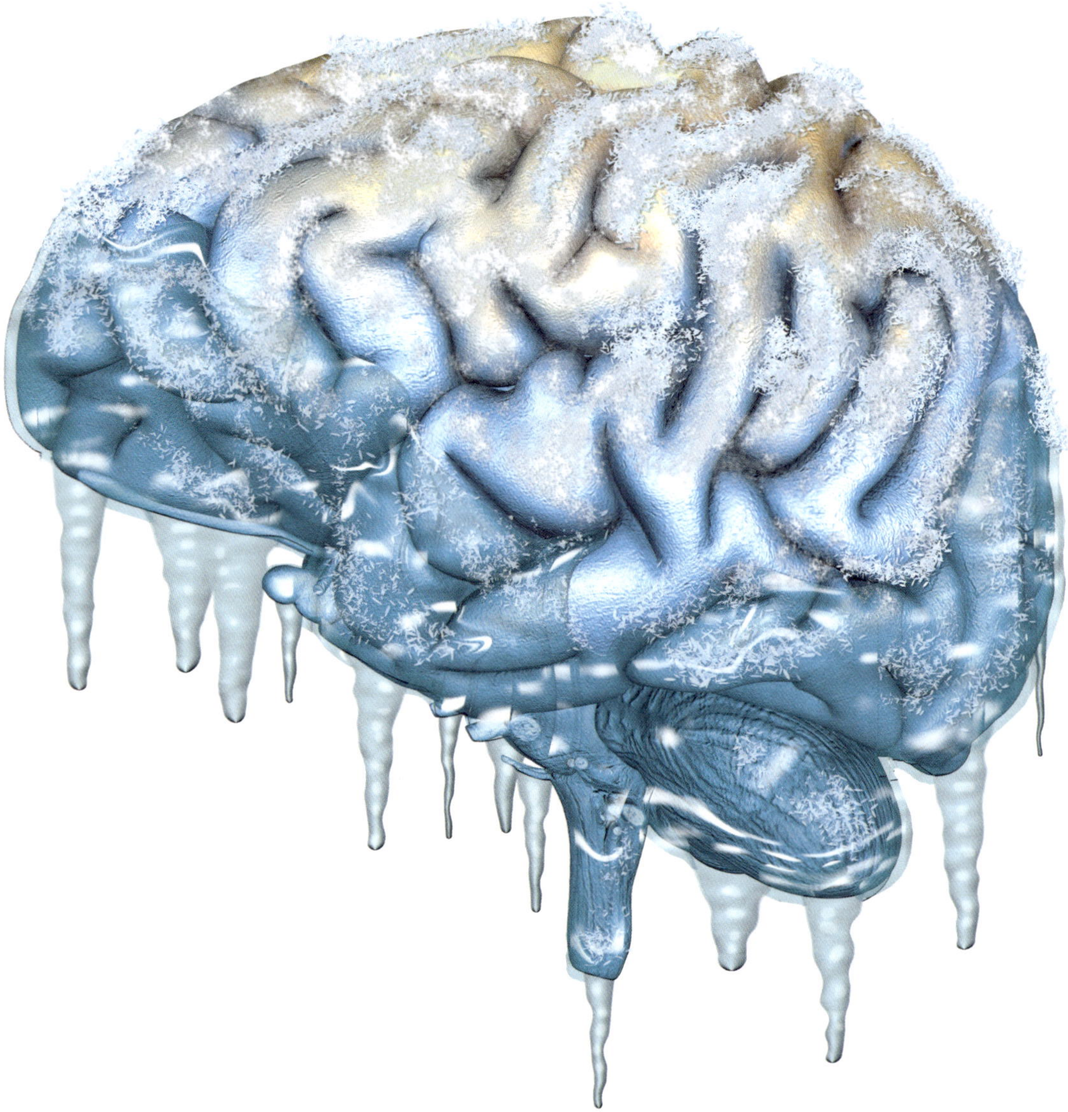

KRYONIK

BENJAMIN FRANKLIN (1709–1790), ROBERT CHESTER WILSON ETTINGER (1918–2011)

1962

Der US-Staatsmann Benjamin Franklin bedauerte 1773, in einem Jahrhundert zu leben, „das zu rückständig und den Kinderschuhen der Wissenschaft noch zu nah" war, um ihn zu konservieren, später wiederzuerwecken und seinen „glühenden Wunsch" zu erfüllen, „Amerika in hundert Jahren zu erleben." Vielleicht hätte er eine der heutigen Kryobanken benutzt, in denen Menschen, nachdem sie juristisch für tot erklärt wurden, konserviert werden, indem ihr Blut durch Kälteschutzmittel ersetzt wird und ihre Körper langfristig eingefroren werden. Diese *Kryoprotektiva* vermindern die Eiskristallbildung, die das Gewebe schädigen würde. Kryoniker hoffen, dass die zukünftige Technologie weit genug fortgeschritten sein wird, um sie wiederzubeleben und ihre wie auch immer gearteten Krankheiten zu heilen. Wenn unsere Gedanken primär von der Hirnstruktur bestimmt werden, dann können vielleicht auch Gehirne denken, die aus anderen Materialien oder sogar durch Software nachgebildet werden.

Auch wenn das Wiederauftauen von Kryonik-Patienten derzeit noch Zukunftsmusik ist, wachsen dank künstlicher Befruchtung schon heute routinemäßig tiefgefrorene Embryos zu gesunden Kindern heran. Den Anstoß zur modernen Kryonik gab der Autor Robert Ettinger mit seinem Buch *The Prospect of Immortality*. Darin diskutierte er schon 1962 die Möglichkeit, Menschen durch Kälte zu konservieren. Heute lagert man Körper oder Köpfe in flüssigem Stickstoff bei Temperaturen um minus 196 °C. 2006 versetzte der Chirurg Hasan Alam Schweine in den Zustand des Scheintods. Die gekühlten Tiere waren blutleer, weder ein Puls noch eine elektrische Hirnaktivität war vorhanden. Ihre Gewebe verbrauchten keinen Sauerstoff. Nach einigen Stunden pumpte Alam wieder warmes Blut in die Tiere und brachte sie so wieder ins Leben zurück. Alam berichtet: „Sobald das Herz wieder schlägt und der Blutkreislauf in Gang kommt – siehe da, ein weiteres Tier kehrt aus dem Jenseits zurück … Technisch könnten wir das meiner Meinung nach auch mit Menschen tun."

Für religiöse Menschen stellt sich die Frage: Wenn die Wissenschaft Ihr körperloses Gehirn lagern und in hundert Jahren reanimieren könnte – würden Sie dann die dazwischen liegende hirntote Zeit im Jenseits verbringen?

Siehe auch Mumien (um 5050 v. Chr.), Autopsie (1761), *Frankenstein* (1818), Einbalsamierung (1867), Auf der Suche nach der Seele (1907), Transhumanismus (1957), Hirntod (1968), Nahtoderfahrungen (1975), Programmierter Zelltod (2002)

In Kryobanken können Köpfe (mit oder ohne Körper) konserviert werden, indem das Blut durch Kälteschutzmittel ersetzt wird und sie langfristig eingefroren werden. Um eine Gewebeschädigung zu verhindern, vermindern Kryoprotektiva die hier künstlerisch dargestellte Eiskristallbildung.

UNDINES FLUCH

PARACELSUS (1493–1541), JEAN GIRAUDOUX (1882–1944)

1962

»AH, SCHLAF. SÜSSER, WONNIGER SCHLAF“, schreibt Autor Ian Landau. „Gibt es irgendetwas Besseres, als ins Bett zu sinken, wenn du restlos erschöpft bist, und ins Land der Träume einzutauchen? Gut, was aber, *wenn du in Angst vor dem Einschlafen leben würdest*, weil der simple Akt ins Unbewusste zu gleiten, genug wäre, um dich zu töten?“ Dies ist das Grauen derjenigen, die von Undines Fluch heimgesucht werden, einer Erkrankung, bei der ein Patient zwar bewusst ein- und ausatmen kann, dessen Atmung aber aussetzen kann, wenn nachts das Bewusstsein schwindet. Diese Störung ist nach Undine benannt, einer mythischen Wassernymphe, deren untreuer Liebhaber stirbt, nachdem er verflucht wurde, sich ans Atmen zu erinnern.

Undines Fluch, der medizinisch als kongenitales zentrales Hypoventilationssyndrom (CCHS, englisch für Congenital Central Hypoventilation Syndrome) bezeichnet wird, ist eine seltene angeborene (kongenitale) Erkrankung des zentralen Nervensystems, obwohl sich auch eine erworbene Form ausprägen kann, die später im Leben aus einem Trauma im Hirnstamm resultiert. In vielen Fällen des CCHS liegen Mutationen des PHOX2B-Gens vor, das ein Protein herstellt, welches an der Bildung eines Neurons beteiligt ist. Die medizinische Verwendung des Begriffs *Undines Fluch* kommt erstmalig in einem Forschungspapier von 1962 vor, in dem erwachsene Patienten beschrieben werden, die die Erkrankung infolge eines chirurgischen Eingriffs am oberen Rückenmark und am Hirnstamm entwickelten. Menschen, die unter Undines Fluch leiden, benötigen möglicherweise ein Tracheostoma und ein Beatmungsgerät, um zu überleben.

Undine wird auch in Schriften von Paracelsus erwähnt, einem mittelalterlichen schweizerisch-österreichischen Arzt, der Geister schildert, die menschlichen Wesen ähneln und Nachbarwelten bewohnen, die uns auf Grund unserer unzureichenden Sinneswahrnehmung aber weitgehend unbekannt sind. In *Ondine*, einem Schauspiel des französischen Dramatikers Jean Giraudoux von 1939, verliebt sich der Ritter Hans in die Nixe Ondine, die er nahe einem See in einem Wald trifft.

Der klinische Neurowissenschaftler und Dichter Raymond Tallis schreibt dramatisch über Undines Fluch: „Unsere Köpfe tauschen sich unablässig mit der Atmosphäre aus. Vom ersten eingezogenen Atem, der sich schnell in ein Heulen verwandelt, bis zum letzten Atemzug fließt konstant Luft durch Mund und Nase. Leben und Atmen gehören zusammen.“

Siehe auch Lebendig begraben (1844), Herz-Lungen-Reanimation (1956)

Dieses Foto von Carl Van Vechten (1880–1964) zeigt die Schauspielerin Marian Seldes (1928–2014) 1954 als Bertha in einer Adaptation von *Ondine* des französischen Dramatikers Jean Giraudoux. In dem Stück ist Prinzessin Bertha Teil einer komplizierten Dreiecksbeziehung mit ihrem Verlobten Hans und der Wassernymphe Ondine.

DAS JENSEITS IN EINER SIMULATION

KONRAD ZUSE (1910–1995), MARTIN REES (GEB. 1942), PAUL CHARLES WILLIAM DAVIES (GEB. 1946)

1967

JE MEHR WIR ÜBER DAS UNIVERSUM WISSEN UND je komplexere Welten unsere Computer zu simulieren vermögen, desto häufiger stellen seriöse Wissenschaftler die Frage nach der Natur unserer Wirklichkeit. Der deutsche Ingenieur Konrad Zuse äußerte 1967 die Hypothese, dass das Universum ein Digitalrechner sei. Könnten wir in einer Computersimulation leben oder vielleicht unser Leben nach dem Tod in einer simulierten Wirklichkeit verbringen, wenn unser Geist auf einen Computerchip hochgeladen würde?

In unserer kleinen Nische des Universums haben wir bereits Rechner entwickelt, die lebensechtes Verhalten mithilfe von Software und mathematischen Regeln simulieren können. Eines Tages werden wir vielleicht denkende Wesen in simulierten Räumen erschaffen, die so komplex und vielgestaltig sind wie ein Regenwald. Womöglich gelingt uns sogar eine Simulation der Wirklichkeit selbst und vielleicht gibt es bereits weiter entwickelte Wesen im Universum, die das längstens praktizieren.

Was aber, wenn die Anzahl dieser Simulationen größer ist als die der Universen? Nach Ansicht des Astronomen Martin Rees ist das der Fall, „... wenn ein Universum viele Rechner einschließt, die viele Simulationen erstellen" – und dann sind wir wohl künstliches Leben. Rees schreibt: „Akzeptiert man erst einmal die Vorstellung eines Multiversums ... dann ist es eine logische Folge, dass in manchen dieser Universen das Potenzial existiert, Teile ihrer selbst zu simulieren, und man eine Art von Endlosrekursion erhält, sodass wir nicht mehr wissen, wo die Realität endet ... und unseren Platz in diesem großen Ganzen aus Universen und simulierten Universen nicht kennen."

Der Physiker Paul Davies meint: „Eines Tages werden ganze virtuelle Welten im Inneren von Rechnern entstehen, ihre bewussten Bewohner machen sich aber nicht bewusst, dass sie simulierte Produkte der Technologie eines anderen sind. Für jede Originalwelt wird es eine riesige Anzahl verfügbarer virtueller Welten geben – und einige könnten sogar Maschinen enthalten, die virtuelle Welten ihrer selbst simulieren und dies ad infinitum."

Wenn Sie sich für hunderte Jahre subjektiver Zeit in einem glückselig simulierten Jenseits entscheiden könnten, würden Sie es tun? Vielleicht könnten Sie klarer denken, tiefer lieben, neue Wirklichkeiten entdecken, kreativer sein und einen Zustand von Erfüllung, Frieden, Abenteuer und/oder Vollendung erreichen, der in der echten Welt nicht möglich ist.

Siehe auch Goldings Übergangswelt (1956), Transhumanismus (1957), Quantenunsterblichkeit (1987), Quantenauferstehung (>100 Billionen)

Da Rechner immer leistungsstärker werden, wird vielleicht jemand eines Tages ganze Welten simulieren können – fantasievoll und realistisch – und die Wirklichkeit selbst.

HOSPIZE

JEANNE GARNIER (1811–1853), CICELY MARY SAUNDERS (1918–2005), ELISABETH KÜBLER-ROSS (1926–2004)

1967

IM MITTELALTER BEZEICHNETE MAN ALS HOSPIZ Pilgerherbergen und Hospitäler. Im modernen Sinn versteht man darunter Pflegeeinrichtungen, in denen meist die Schmerzlinderung und die psychologische und spirituelle Betreuung Todkranker im Vordergrund stehen. Eine Sterbebegleitung kann sowohl in Krankenhäusern als auch Pflegeheimen und Privathaushalten erfolgen.

Im 14. Jahrhundert betrieb der Souveräne Ritter- und Hospitalorden vom heiligen Johannes von Jerusalem von Rhodos und von Malta (der heutige Malteserorden) auf Rhodos ein Hospital für Kranke und Sterbende. 1842 setzte sich Jeanne Garnier nach dem Tod ihres Mannes und ihrer Kinder in Lyon für die Gründung des Hospizes der Association des Dames du Calvaire ein.

Eine der Schlüsselfiguren für die moderne Hospizbewegung war die britische Krankenpflegerin, Ärztin und Autorin Cicely Saunders. 1967 eröffnete sie in Süd-London das St. Christopher's Hospice. Über seine Aufgabe schrieb sie: „Wenn wir nicht mehr heilen können, dann können wir lindern."

Mit dem Grundsatz, Sterben müsse keine schmerzerfüllte, schreckliche Erfahrung sein, brachte Saunders die Hospizbewegung in Großbritannien und den USA in Gang. Zur gleichen Zeit untersuchte die gebürtige Schweizer Psychiaterin Elisabeth Kübler-Ross, wie Krankenhäuser und die Gesellschaft mit unheilbar Kranken umgehen. 1972 erklärte sie vor dem Altersausschuss des US-Senats: „Wir leben in einer Gesellschaft, die den Tod sehr aktiv verleugnet. Wir isolieren sowohl die Sterbenden als auch die Alten, und das ganz gezielt: Sie erinnern uns an unsere eigene Sterblichkeit. Wir dürfen Menschen nicht einfach in Anstalten abschieben. Wir können Familien mit ambulanter Krankenpflege bei der häuslichen Pflege stärker unterstützen und Angehörigen und Patienten spirituelle, emotionale und finanzielle Hilfe leisten, damit die Pflege bis zum Schluss in Ruhe zu Hause erfolgen kann."

Bevor Cicely Saunders mit 87 Jahren in ihrem Londoner Hospiz starb, notierte sie: „Du zählst, weil Du du bist. Und du wirst bis zum letzten Augenblick deines Lebens eine Bedeutung haben, und wir werden alles tun, damit du nicht nur in Frieden sterben, sondern auch bis zuletzt leben kannst."

Siehe auch *Der Tod des Iwan Iljitsch* (1886), Kryonik (1962), *Interviews mit Sterbenden* (1969), Nahtoderfahrungen (1975), Verzicht auf Wiederbelebung (1976)

Vor der Gründung des ersten Hospizes waren die Johanniter zunächst dem um 1023 eröffneten Hospital in Jerusalem angeschlossen. Das Bild zeigt den Marschall des Hospitaliterordens Mathieu de Clermont 1291 bei der Verteidigung des belagerten Akkon (im heutigen Nordisrael). Gemälde von Dominique Papety (1815–1849).

HIRNTOD

LANGE VOR MODERNER TECHNIK GALT DER TOD als eingetreten, wenn Herzschlag und Atmung erloschen und die Seele den Körper verließ", schreibt der Neurowissenschaftler Calixto Machado. „Gleichwohl entwickelte sich die Auffassung vom Tod weiter, während die Technik fortschritt, und so sahen sich Medizin und Gesellschaft gezwungen, die alte auf der kardiorespiratorischen Funktion beruhende Diagnose des Todes zugunsten einer hirnzentrierten Diagnose neu zu formulieren."

Einer Definition gemäß ist der Hirntod das irreversible Ende aller Hirnfunktionen, wie es entstehen kann, wenn die Blut- oder Sauerstoffversorgung des Gehirns durch einen Herzstillstand, einen Schlaganfall oder ein Blutgerinnsel unterbleibt. Auch wenn das Herz noch schlagen mag, wird der Körper keine Anstrengung unternehmen, ohne Hilfe zu atmen. Ein hirntoter Mensch wird juristisch als tot betrachtet und kann als Spender Organe entnehmen lassen. 1968 veröffentlichte die Harvard Medical School einen bahnbrechenden Bericht, der die Kriterien für einen Hirntod festlegte. Obwohl die Elektroenzephalografie (EEG) eingesetzt werden kann, um den Nachweis eines Hirntods zu erbringen, ist sie nicht unproblematisch, weil die elektrische Aktivität des Gehirns so niedrig sein kann, dass es schwierig ist, sie festzustellen. Um jemanden für hirntot zu erklären, sollten keine Hirnstammreflexe erkennbar sein. Die Pupillen sollten nicht auf Licht reagieren. Die Augen sollten nicht zittern, wenn Eiswasser ins Ohr gespült wird, oder sich bewegen, wenn sie mit einem Wattestäbchen berührt werden. Zudem sollte kein Würgereflex existieren. Anders als Menschen im Wachkoma (Syndrom reaktionsloser Wachheit, SRW), die ohne Hilfe atmen können und Zeichen von Wachheit zeigen, wie etwa Öffnen der Augen, werden hirntoten Personen keine Chancen auf Besserung eingeräumt. Bevor ein Mensch für hirntot erklärt wird, muss das medizinische Personal alle Zustände ausschließen, die Anzeichen von Hirntod vorspiegeln können, wie zum Beispiel Hypothermie (Unterkühlung) und Überdosen von Barbituraten und anderen Medikamenten.

Die Grenze zwischen Leben und Tod ist immer noch fließend. Hirntote werden immer noch Organe haben, die funktionieren, und Wunden, die verheilen. Manchmal können Sie auf Schmerzreize reagieren, einen hohen Blutdruck oder eine schnellere Herzfrequenz besitzen. Sie können frösteln, ihre Arme bewegen und durch Streicheln sexuell stimuliert werden. Mütter haben Kinder auf die Welt gebracht, nachdem sie monatelang hirntot waren.

Siehe auch Lebendig begraben (1844), Sterbehilfe (1872), Auf der Suche nach der Seele (1907), Lovecrafts Wiedererwecker (1922), Herz-Lungen-Reanimation (1956), Kryonik (1962), Nahtoderfahrungen (1975), Verzicht auf Wiederbelebung (1976), Programmierter Zelltod (2002), Tod des Universums (>100 Billionen)

Dieser für einen Mönch hergestellte Elfenbeinanhänger (um 1600) im Baltimorer Walters Art Museum stellt die unscharfe Trennlinie zwischen Leben und Tod dar. Hirntote Menschen beispielweise reagieren auf Stimuli, haben Organe, die noch funktionieren und Wunden, die verheilen.

ZOMBIES

ZORA NEALE HURSTON (1891–1960), GEORGE ANDREW ROMERO (1940–2017), EDMUND WADE DAVIS (GEB. 1953)

1968

Der Zombie-Experte Nathan Brown stellt fest, dass der Tod „der große Gleichmacher" ist. Der Der Tod „kommt zu uns allen, und keiner von uns wird von seiner kalten und endgültigen Umarmung ausgenommen. Der Tod ist eine der wenigen unleugbaren und absoluten Wahrheiten der menschlichen Existenz. Vielleicht ist es deshalb, dass der Gedanke an etwas, dass diese großartige Wahrheit übertrumpfen könnte, so erschreckend ist. ... Was könnte die Menschheit tun, wenn der Tod aufhört, die endgültige Bestimmung alles Lebendigen zu sein?"

In der üblichen Vorstellung sind Zombies lebende Leichen, die durch Magie oder auch wissenschaftliche Mittel am Leben erhalten werden. Ihre Beliebtheit in heutigen Filmen beruht auf einem Gefühl von Grauen, das sie einflößen, weil sie mit torkelndem Gang, offenem Mund und manchmal verwesendem Fleisch dargestellt werden. Sie vervielfachen sich zudem in beängstigendem Maß. Einer der Meilensteine, der das moderne allgemeine Interesse an Zombies beförderte, ist der 1968 gedrehte Film *Die Nacht der lebenden Toten* von George A. Romero, der als „Vater der Zombies" gilt.

Das eigentliche Konzept von Zombies reicht viele Jahre zurück. Gemäß den Vorstellungen der Voodoo-Religion Haitis beispielsweise – der Name leitet sich vom westafrikanischen Vodun ab – kann der Verstorbene durch einen Bocor oder Schwarzmagier reanimiert werden. 1937 war die Anthropologin und Autorin Zora Neale Hurston in einen berühmten frühen Fall verwickelt, als sie über einen mutmaßlichen weiblichen Zombie in Haiti berichtete. Der Ethnobotaniker Wade Davis hat die provokative Behauptung aufgestellt, dass der Anschein von Tod und Wiederauferstehung, der benutzt wird, um haitianische Zombies hervorzubringen, durch den Einsatz von Tetrodotoxin erzielt werden könnte, einer giftigen Substanz, die in Kugelfischen vorkommt.

Das Nachdenken über Zombies zwingt uns, unsere Ängste und unsere Einstellungen mit dem Mysterium des Todes sowie dem damit einhergehenden Kontrollverlust zu konfrontieren. Die Zombie-Experten Christopher Moreman und Cory Rushton schreiben: „Zombies als eine erbärmliche Spiegelung unserer individuellen Sterblichkeit und Vorboten gesellschaftlichen Verfalls zwingen den Zuschauer, die dunklen Möglichkeiten einer sinnlosen Existenz in Betracht zu ziehen. ... Indem wir die dunkle Seite prüfen, das heißt, den lebenden Toten, könnten wir zu der Überzeugung gelangen, etwas in uns selbst als den sterbenden Lebenden zu erkennen."

Siehe auch Golem (1580), *Frankenstein* (1818), Vampire (1819), „Die Affenpfote" (1902), Lovecrafts Wiedererwecker (1922)

In aktuellen beliebten Zombie-Filmen oder -Fernsehserien wie *The Walking Dead* werden Menschen dargestellt, die sich mit einem bewusstseinsverändernden Erreger infiziert haben, der sich durch eine Seuche oder einen biologischen Kampfstoff verbreitet hat.

INTERVIEWS MIT STERBENDEN

ELISABETH KÜBLER-ROSS (1926–2004)

1969

Eine der berühmtesten modernen Sterbeforscherinnen war Elisabeth Kübler-Ross, die Psychiaterin, deren Pionierarbeit mit todkranken Patienten dazu beitrug, die Einstellung zur Pflege von Sterbenden zu revolutionieren. Sie verbrachte einen Teil ihres beruflichen Lebens auch mit Forschungen, um die Existenz eines Lebens nach dem Tod zu beweisen. Nachdem sie tausende Interviews mit Menschen durchgeführt hatte, die **Nahtoderfahrungen** hatten, glaubte sie, genügend Anhaltspunkte für ein Leben nach dem Tod gefunden zu haben.

Ihr früh erwachtes Interesse an Tod und Sterben bildete sich, als sie Konzentrationslager des Zweiten Weltkriegs besuchte. In Maidanek (Majdanek), einem polnischen Todeslager, entdeckte sie Schmetterlinge, die Gefangene in die Wände geritzt hatten, bevor sie starben:

> ***Es begann in Maidanek ... wo ich zu verstehen versuchte, wie Kinder in die Gaskammern gegangen waren, nachdem sie ihre Familien, ihre Häuser und Schulen verloren hatten ... Die Wände im Lager waren voller Bilder mit Schmetterlingen, die diese Kinder gezeichnet hatten. Es war mir unbegreiflich. Tausende Kinder, die in die Gaskammer gehen, und dies ist die Botschaft, die sie zurücklassen – einen Schmetterling.***

Als sie 1962 ein 16-jähriges todgeweihtes Mädchen, das an Leukämie litt, in eine ihrer Vorlesungen einlud, beeindruckte sie dieser Auftritt ebenso tief wie ihre Klasse. Die Medizinstudenten unter den Zuhörern erkundigten sich nach den Bluttests des Mädchens und stellten weitere ähnliche medizinische Fragen. Das Mädchen entgegnete ihnen, sie seien verrückt. Warum würden sie nicht danach fragen, wie es sich *anfühlen* würde, niemals davon zu träumen, auf den Abschlussball der Highschool zu gehen oder gar erwachsen zu werden? Warum würden Ärzte ihr niemals die Wahrheit sagen? Am Ende der Vorlesung weinten die Studenten. Dr. Kübler-Ross nickte und äußerte ihren Studenten gegenüber, dass sie jetzt wüssten, wie man Mitgefühl zeige.

In ihrem Buch *On Death and Dying* (dt. Interviews mit Sterbenden) von 1969 stellt sie die Hypothese auf, dass sterbende Patienten oft fünf Trauerphasen durchschreiten: Nichtwahrhabenwollen, Zorn, Verhandeln, Depression und schließlich Zustimmung. Sie fand auch heraus, dass die meisten Sterbenden den Tod am einfachsten akzeptieren könnten, wenn sie zurückschauen und das Gefühl haben, dass sie ihr Leben nicht vergeudet hätten.

Siehe auch Totenkopfschwärmer (1846), Cotard-Syndrom (1880), *Der Tod des Iwan Iljitsch* (1886), Letzte Worte Sterbender (1922), Völkermord (1944), Hospize (1967), Nahtoderfahrungen (1975)

In diesem Memento-mori des französischen Malers Philippe de Champaigne (1602–1674) symbolisieren Blume, Schädel und Stundenglas die Kürze des Lebens und die Unabwendbarkeit des Todes.

NAHTODERFAHRUNGEN

PLATON (428 V. CHR.–348 V. CHR.), HIERONYMUS BOSCH (1450–1516), RAYMOND MOODY (GEB. 1944)

Der bengalische Dichter Rabindranath Tagore schrieb: „Der Tod löscht nicht das Licht, sondern nur die Lampe, weil die Dämmerung angebrochen ist.“ Wissenschaftler und Mystiker beschäftigen sich seit Langem damit, was auf der Schwelle des Todes mit Körper und Geist geschieht. 1975 veröffentlichte der Mediziner Raymond Moody in seinem Bestseller *Leben nach dem Tod* Fallstudien von Menschen, bei denen keine Vitalzeichen mehr vorhanden waren (einige waren von einem Arzt für tot erklärt worden), die aber wieder ins Leben zurückkehrten. Einige von ihnen beschrieben Erlebnisse, die Moody als Nahtoderfahrungen bezeichnete, etwa das Gefühl, vom eigenen Körper losgelöst unter der Zimmerdecke zu schweben. Viele sahen ein Licht am Ende eines Tunnels; einige fühlten sich heiter, andere fürchteten sich, verloren aber durch diese Erfahrung die Angst vor dem Tod. Manche berichteten, sie hätten die Ärzte bei den Wiederbelebungsversuchen beobachten können.

Einige Wissenschaftler sehen Nahtoderfahrungen als Beweis für ein Leben nach dem Tod oder für die Lösung des Bewusstseins vom Körper. Andere erklären solche Phänomene als rein biologische Vorgänge, etwa als Halluzinationen aufgrund von Sauerstoffmangel im Gehirn (Hypoxie) oder eines erhöhten Kohlendioxidgehalts im Blut (Hyperkapnie). Vermutet wird auch, dass das Gehirn selbst Endorphine ausschüttet, die euphorische Zustände auslösen. Experimente mit dem Narkosemittel Ketamin belegen, dass dieses Halluzinogen eine Bewusstseinsveränderung hervorrufen kann, die einer Nahtoderfahrung ähnelt. Selbst wenn es sich um reine Halluzinationen handeln sollte, sind Nahtoderfahrungen für Mediziner ein interessantes Forschungsgebiet, um ihre Mechanismen besser zu verstehen und weil sie in der Psyche der Betroffenen oft einen nachhaltigen, tiefen Eindruck hinterlassen.

Die Vorstellung von Nahtoderfahrungen ist natürlich nicht neu. Platon erzählt in seinem Dialog *Der Staat* vom Krieger Er, der nach seinem Tod im Kampf auf einen „Lichtstrom“ zugeht, der „wie ein Spannbogen war, dem Regenbogen vergleichbar, aber heller und reiner.“ Er kehrt aus dem Totenreich zurück und schildert seine Erfahrungen. In Hieronymus Boschs verwirrendem Gemälde *Der Aufstieg in das himmlische Paradies* sieht man die Seelen durch einen Tunnel zum Licht aufsteigen.

Siehe auch Auf der Suche nach der Seele (1907), Kryonik (1962), Hospize (1967), Hirntod (1968), *Interviews mit Sterbenden* (1969)

Das Gemälde *Der Aufstieg in das himmlische Paradies* (um 1500) ist eine von vier Tafeln unter dem gemeinsamen Titel *Visionen aus dem Jenseits*, die der Niederländer Hieronymus Bosch (um 1450–1516) schuf.

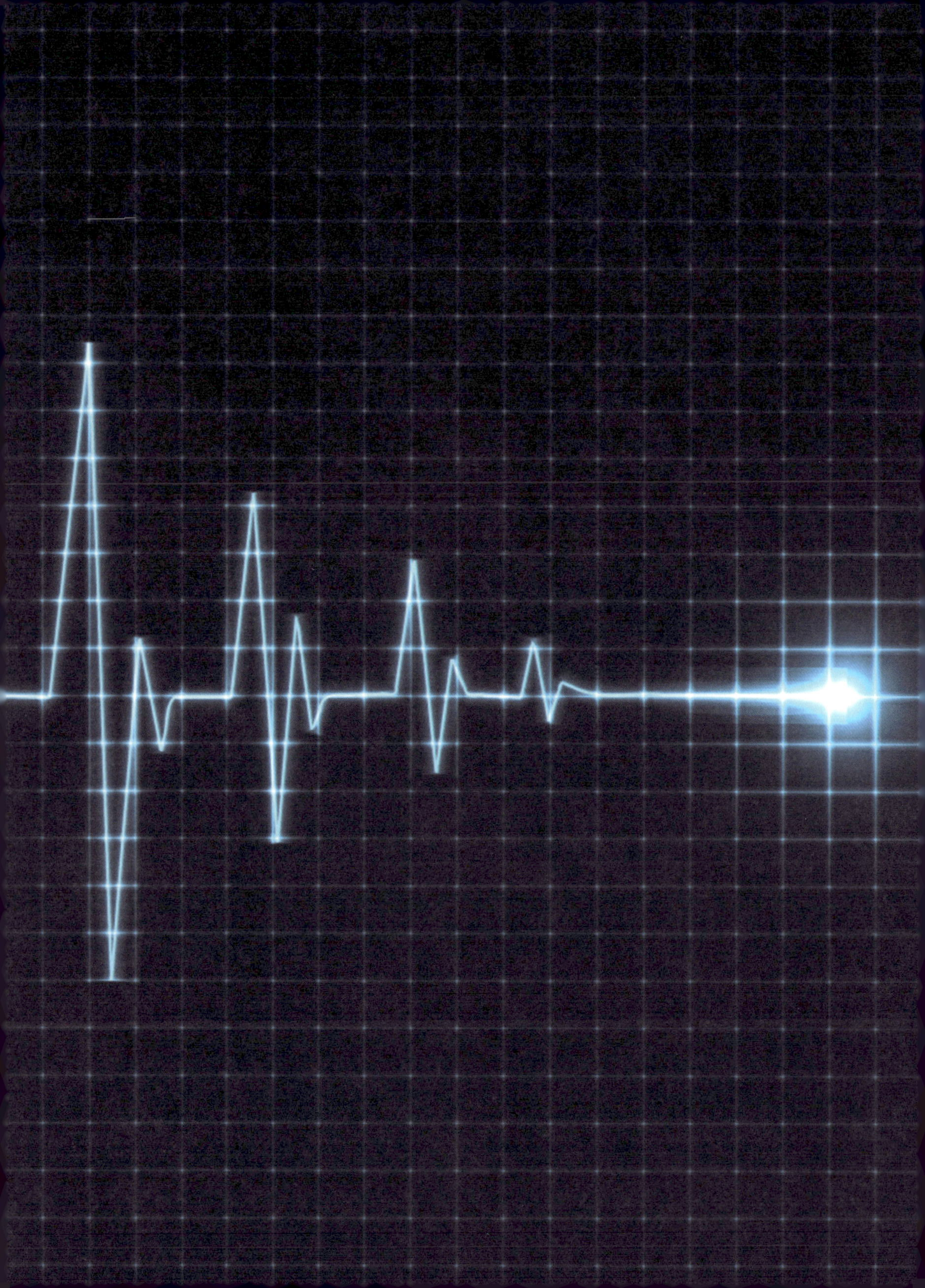

VERZICHT AUF WIEDERBELEBUNG

KAREN ANN QUINLAN (1954–1985)

1976

Der Bürgerrechtler Martin Luther King Jr. sagte einmal: „Die Qualität, nicht die Dauer des eigenen Lebens ist das, worauf es ankommt." In den letzten Jahrzehnten mehren sich die Diskussionen darüber, wann ein Arzt einen todkranken oder komatösen Patienten sterben lassen darf oder soll. Der Rechtsprofessor William A. Woodruff schreibt: „Als die Medizintechnik bis an den Punkt vorangeschritten war, an dem die Vitalzeichen eines Patienten praktisch endlos aufrechterhalten werden können, begann die Gesellschaft, den Nutzen dieses Fortschritts zu hinterfragen. Wenn ein Patient auf Dauer im Koma liegt und weder zur Interaktion mit seiner Umwelt ... noch zu rudimentären kognitiven Funktionen in der Lage ist, was nützt es ihm dann, wenn man ihn am Leben erhält?"

Solche Fragen führten in den USA und anderen Ländern zur Etablierung moderner Anordnungen zum Verzicht auf Wiederbelebung (sog. DNR-Anordnungen, do not resuscitate). In rechtsverbindlichen Patientenverfügungen können Menschen heute bestimmen, dass bei einem Herz- oder Atemstillstand keine Reanimation erfolgen soll. Ein wichtiger juristischer Schritt hierzu war in den USA eine Entscheidung des Obersten Gerichtshofs von New Jersey, der 1976 dem Vater der im Koma liegenden Karen Quinlan das Recht zubilligte, das Beatmungsgerät seiner Tochter abzuschalten. Seit 1991 zwingt der US Patient Self-Determination Act Krankenhäuser dazu, den Willen des Patienten bezüglich seiner medizinischen Versorgung zu respektieren. Sachkundige Patienten dürfen eine Behandlung ablehnen. Liegt eine schriftliche Patientenverfügung vor, darf die Herztätigkeit nicht künstlich aufrechterhalten und keine **Herz-Lungen-Reanimation** durchgeführt werden.

Für Mediziner wird die Aufgabe dadurch natürlich nicht leichter. Wird ein Patient gegen seinen Willen im Krankenhaus reanimiert, kann er gegen die Klinik eine „Wrongful Life"-Klage erheben. Im Fall *Payne gegen Marion General Hospital* (1990) verurteilte das Gericht einen Arzt, der auf Wunsch der Angehörigen seines Patienten für diesen eine Verzichtserklärung ausgefüllt hatte. Das Gericht meinte, der Patient sei wenige Minuten vor seinem Tod geschäftsfähig gewesen und hätte gefragt werden müssen.

Siehe auch Sterbehilfe (1872), Herz-Lungen-Reanimation (1956), Hospize (1967), Hirntod (1968), Nahtoderfahrungen (1975)

Diese künstlerische Darstellung eines Elektrokardiogramms stellt einen sich zur Nulllinie hin abschwächenden Puls dar, der auf einen Herzstillstand hinweist.

TODESSCHWADRONEN

ÓSCAR ARNULFO ROMERO Y GALDÁMEZ (1917–1980)

1980

Während eines grausamen Bürgerkriegs, der um 1980 begann, wurde das kleine zentralamerikanische Land El Salvador zum Symbol politischen Terrors, des Missbrauchs der Menschenrechte und der Todesschwadronen, die im Spanischen unter dem Namen *Escuadrones de la muerte* (Schwadronen des Todes) bekannt sind. Im März 1980 wurde der salvadorianische Erzbischof Óscar Romero während einer Messe, die er in einer Krankenhauskapelle zelebrierte, ermordet. Man fand heraus, dass auch Soldaten der militärischen Sicherheitskräfte der für die Tat verantwortlichen Todesschwadron angehörten. Romero war ein Streiter für die Armen, der von den salvadorianischen Todesschwadronen verlangte, die Durchführung staatlicher Repressionen einzustellen. Gemäß der Lateinamerika-Expertin Cynthia J. Arnson wurde im November des gleichen Jahres „die gesamte Führung der linksgerichteten politischen Opposition während einer Pressekonferenz entführt und ermordet, ihre verstümmelten Körper wurden in den Außenbezirken der Hauptstadt verstreut." Im Dezember des gleichen Jahres wurden vier US-Missionarinnen von einer militärischen Einheit vergewaltigt und getötet. Ihre Körper wurden in einem Flachgrab verscharrt. Arnson schreibt weiter: „Im Laufe des nächsten Jahrzehnts verloren Zehntausende ... Salvadorianer – Universitätsprofessoren, Gewerkschafter ... und humanitäre Helfer – ihr Leben durch Taten gezielten oder willkürlichen Terrors."

Todesschwadronen sind nicht nur auf Lateinamerika beschränkt, sondern haben auf der gesamten Welt operiert, oft mit staatlicher Unterstützung – zumeist in Militärdiktaturen oder Polizeistaaten, manchmal aber auch in Demokratien, vor allem wenn ein Ausnahmezustand erklärt wurde. Um 1850 während des Kalifornischen Goldrauschs finanzierte und organisierte die Staatsregierung Todesschwadronen, um Indianer aufspüren und massakrieren zu lassen. Einen Großteil der Finanzierung übernahm die Bundesregierung.

Auch wenn Todesschwadronen viel gemeinsam haben mit Terroristen und Vigilanten, können manche Terroristen eine relativ zufällige, unvorhersehbare Vorgehensweise benutzen, um „eine Nachricht zu senden", wohingegen Todesschwadronen dazu neigen, sich auf bestimmte Ziele zu konzentrieren. Anders als Todesschwadronen handeln Vigilanten oft aus privaten und spontanen Motiven. Der Begriff *Todesschwadron* wird üblicherweise nicht auf Soldaten angewendet, die gegen Soldaten in Kriegen souveräner Staaten kämpfen.

Siehe auch Todesstrafe (um 1772 v. Chr.), Guillotine (1792), Völkermord (1944)

Während der Herrschaft Iwans des Schrecklichen (1530–1584) hielten seine Opritschniki aufgespürte innere Feinde durch Folter und Mord nieder. Im Gemälde *Die Opritschniki* stellt der Künstler Nikolai Newrew (1830–1904) die letzten Minuten eines Mannes dar, der wegen Verrats verhaftet und gezwungen wurde, sich auf einen Thron zu setzen, um seine angeblichen Ambitionen zu verspotten.

QUANTEN-UNSTERBLICHKEIT

HANS MORAVEC (GEB. 1948), MAX TEGMARK (GEB. 1967)

1987

Die verblüffende Vorstellung der Quantenunsterblichkeit und damit einhergehender Konzepte, wie sie von dem Technologen Hans Moravec 1987 und später dem Physiker Max Tegmark erwogen wurden, stützt sich auf die Viele-Welt-Interpretation (VWI) der Quantenmechanik.

Nach dieser Theorie wird das Universum („Welt"), wenn es an eine Wegscheide auf der Quantenebene gelangt, jedes Mal die alternativen Möglichkeiten verwirklichen und sich hierfür in mehrere Welten teilen.

Folgt man den Anhängern der Quantenunsterblichkeit, so bedeutet die Viele-Welt-Interpretation gewissermaßen ewiges Leben für uns. Stellen wir uns vor, wir säßen auf dem elektrischen Stuhl. In nahezu allen Paralleluniversen würden wir sterben. Es existiert jedoch eine kleine Gruppe alternativer Universen, in denen wir auf irgendeine Weise überleben – es könnte zum Beispiel ein elektrisches Bauteil beim Umlegen des Schalters ausfallen. Also leben wir weiter in einer der Welten, in denen der elektrische Stuhl versagt. So gesehen haben wir quasi ewiges Leben.

Lassen Sie uns dazu auch ein Gedankenexperiment anstellen. Nehmen wir an, Robert besitze eine Hirnelektrode, die durch den Zerfall eines radioaktiven Atoms entweder ausgelöst wird oder auch nicht. Bei jedem Versuchsdurchgang stehen die Chancen fünfzig zu fünfzig, dass die Elektrode aktiviert wird und ihn schmerzlos tötet. Wenn die VWI zutrifft, dann wird Robert vielleicht jedes Mal, wenn er das Experiment ausführt, gespalten in ein Universum, in dem die Elektrode feuert und ihn tötet, und in ein anderes Universum, in dem die Elektrode nicht feuert. Nach tausendmaliger Durchführung des Experiments könnte Robert sich erstaunlich lebendig fühlen. In dem Universum, in dem die Elektrode feuert, ist er tot. Vom Standpunkt der lebendigen Version Roberts aus wird das Elektrodenexperiment immer weitergehen und er wird ewig leben, weil mit jedem Ableger des Multiversums eine Version von ihm existiert, die überlebt.

Siehe auch Elektrischer Stuhl (1890), Transhumanismus (1957), Das Jenseits in einer Simulation (1967), Quantenauferstehung (>100 Billionen)

Den Verfechtern der Quantenunsterblichkeit nach kann uns der Sensenmann nicht mehr schrecken.

DUNKLER TOURISMUS

1996

Warum strömen Menschen an Orte wie das London Dungeon, eine Touristenattraktion, die blutige und von Tod getränkte historische Ereignisse wiedererstehen lässt? Dem Dunklen Tourismus (engl. Dark Tourism, manchmal auch als Thanatourismus bezeichnet) verwandte Formen können nicht nur der Unterhaltung dienen, sondern auch der Erinnerung oder Bildung und Reisen an Plätze einschließen, die mit Leiden oder Tod verbunden sind, wie etwa wirkliche Stätten von Attentaten oder Massensterben, zu denen auch Ground Zero in New York gehört.

Stephanie Yuill, eine Expertin des Dunklen Tourismus, zählt einige der berühmteren Orte auf: „Heute ziehen zahlreiche Stätten des Todes und der Katastrophen Millionen von Besuchern aus aller Welt an: Auschwitz-Birkenau, das Anne-Frank-Haus, Graceland, Oklahoma City, Gettysburg, der Höhenzug von Vimy, die Somme und der Nationalfriedhof Arlington." Der Begriff *Dark Tourism* wurde populär, nachdem mehrere Forscher diesem Phänomen Etiketten anhafteten, darunter die Reiseexperten J. John Lennon und Malcolm Foley. Das Konzept dunkler Orte (dazu gehört die Vermarktung von Grabstätten) wurde erstmals 1993 erwähnt, und 1996 prägte der britische Tourismusprofessor Tony Seaton dafür den Begriff *Thanatourism*.

Das Interesse am Verhängnisvollen ist nichts Neues, was die Beliebtheit öffentlicher Hinrichtungen und Führungen durch Leichenschauhäuser im Viktorianischen Zeitalter belegt. Lennon erinnert uns daran, dass „die Schlacht von Waterloo 1815 vom Adel aus sicherer Distanz beobachtet wurde und eines der ersten Schlachtfelder des Amerikanischen Bürgerkriegs (Manassas) am nächsten Tag als Attraktionsstätte für Besucher verkauft wurde."

„Wie dunkel kann realweltlicher dunkler Tourismus werden?", fragt der *New Scientist*. „Denken Sie an die James-Dean-Fanatiker, die jedes Jahr den Tod des Schauspielers ‚nachspielen' an der Stelle und zu der Zeit, als er sich ereignete, wobei sie oft ähnliche Autos fahren wie er, um diese letzten Augenblicke für sich selbst zu erfahren. Was Sie dabei suchen, sei dahingestellt." Lennon macht darauf aufmerksam, dass dunkle Orte wichtig sind als „Zeugnisse des beständigen Versagens der Menschheit, um unsere schlimmsten Exzesse zu mäßigen." Wenn diese Stätten richtig geführt werden, können wir „aus den dunkelsten Elementen unserer Vergangenheit lernen. Aber wir müssen uns hüten vor dem voyeuristischen und ausbeuterischen Zug, der in so vielen von ihnen offenkundig ist."

Siehe auch Beinhäuser (um 1000 v. Chr.), Thanatos (um 700 v. Chr.), Friedhöfe (1831), Kreuzigungsvision von Tissot (um 1890), Völkermord (um 1944)

Das London Dungeon (1974 eröffnet) stellt verschiedene blutige und mit Tod verknüpfte historische Ereignisse nach. Diese Statue befindet sich an der Außenfassade des Museums.

PROGRAMMIERTER ZELLTOD

2002

WIR WÜRDEN HEUTE NICHT MEHR LEBEN, wenn es nicht den programmierten Zelltod gäbe (auch bekannt als Apoptose), ein geregelter Sterbevorgang, bei dem Zellen in unserem Körper **Selbstmord** begehen. Eigentlich würden sich zwischen unseren Fingern Schwimmhäute befinden, wenn diese Art des Zellselbstmords nicht zwischen den Fingerregionen während der embryonalen Entwicklung stattfände. Dieser Prozess ist so wichtig, dass Wissenschaftler den programmierten Zelltod poetisch bezeichnet haben als „Sirenengesang – der Tod, der das Leben lebendig macht." Die Molekularbiologen Gerry Melino und David Vaux schreiben: „Wenn wir uns eine achtzig Jahre alte Person vorstellen, in der die Mitose [Zellteilung] ungehindert fortschreitet ohne irgendeinen ausgleichenden homöostatischen Todesprozess, würde sie zwei Quadratkilometer Haut besitzen, zwei Tonnen Knochenmark und Lymphknoten und einen Darm von 16 km Länge. Mitose, die nicht durch Zelltod gehemmt wird, führt zu neoplastischen Erkrankungen [Tumorwachstum]."

Veröffentlichungen zum programmierten Zelltod in Insektengewebe (1964) und Rattenlebergewebe (1965) erhöhten das Interesse an diesem Gebiet. 2002 wurde der Nobelpreis für Physiologie oder Medizin an Forscher vergeben, die die Gene identifizierten, die die Apoptose kontrollieren. Jeden Tag sterben ungefähr 60 Milliarden Zellen in einem Erwachsenen als Folge von Apoptose, aber ein Übermaß an Apoptose könnte in Zusammenhang stehen mit Erkrankungen wie Alzheimer oder Parkinson. Zellselbstmord könnte ausgelöst werden, wenn Zellen alt und fehlerhaft werden und sich selbst zerstören wegen einer intrazellulären Programmierung, die die Gen- und Proteinexpression steuert.

Die Journalistin Molly Edmonds schreibt: „Wenn eine Zelle gezwungen ist, Selbstmord zu begehen ... treten Proteine namens Caspasen in Aktion. Sie gliedern die Zellkomponenten auf, die für das Überleben benötigt werden, und regen die Produktion von als DNasen bekannten Enzymen an, die die DNA im Zellkern zerstören. Es geht zu wie bei Roadies, die die Bühne in einer Arena abbauen, nachdem eine bekannte Band in einer Stadt gewesen ist." Makrophagen, Zellen die wie kleine Staubsauger arbeiten, beseitigen die toten Zellen.

Siehe auch Transhumanismus (1957), Kryonik (1962), Hirntod (1968)

Die Apoptose in einer künstlerischen Darstellung. Wenn Zellen in einem vielzelligen Organismus nicht länger benötigt werden, können diese Zellen Selbstmord begehen, indem sie ein intrazelluläres Todesprogramm aktivieren. Fehlgehende Apoptose (entweder zu wenig oder zu viel) spielt eine Rolle bei Autoimmunerkrankungen, neurodegenerativen Erkrankungen und vielen Arten von Krebs.

TOD DES UNIVERSUMS

STEPHEN WILLIAM HAWKING (1942-2018), FRED ADAMS (GEB. 1961)

Ein Gedicht von Robert Frost beginnt mit den Versen: „So mancher sagt, die Welt vergeht in Feuer, so mancher sagt, in Eis." Das endgültige Schicksal unseres Universums ist abhängig von so verschiedenen Faktoren wie seiner geometrischen Form, dem Verhalten von Dunkler Energie, der Menge an Materie u.a. Die Astrophysiker Fred Adams und Gregory Laughlin haben das düstere Ende unseres gegenwärtigen Kosmos voller Sterne als einen unermesslichen Ozean aus subatomaren Teilchen beschrieben, in dem Sterne, Galaxien und sogar Schwarze Löcher erlöschen.

In einem Szenario vollzieht sich der Tod des Universums in mehreren Stufen. In unserem *heutigen Zeitalter* ist die von Sternen erzeugte Energie für astrophysikalische Prozesse verantwortlich. Trotz des scheinbar hohen Alters unseres Universums von etwa 13,7 Milliarden Jahren hat die überwiegende Mehrzahl der Sterne gerade erst zu leuchten begonnen. Allerdings werden sie alle in 100 Billionen Jahren sterben, und auch die Sternentstehung kommt dann zum Erliegen, weil es in den Galaxien an Gas fehlt – dem Rohmaterial für die Bildung neuer Sterne. Damit nähert sich das Sternenzeitalter seinem Ende.

Im *zweiten Zeitalter* expandiert das Universum weiter, während Energiereserven und Galaxien schrumpfen und Materie in die galaktischen Zentren fließt. Nur Braune Zwerge bestehen noch, also Himmelskörper ohne ausreichende Masse für Leuchtprozesse, wie das bei Sternen der Fall ist. Zu diesem Zeitpunkt haben sich die ausgebrannten Überreste toter Sterne bereits durch die Gravitation zusammengezogen und bilden superdichte Objekte wie Weiße Zwerge, Neutronensterne und Schwarze Löcher. Doch zuletzt werden auch diese Weißen Zwerge und Neutronensterne sich infolge des Protonenzerfalls endgültig auflösen.

Während des *dritten Zeitalters* – dem der Schwarzen Löcher – werden ganze Galaxien durch die Gravitation in unsichtbare, supermassereiche Schwarze Löcher verwandelt. Infolge eines Strahlungsprozesses, der von Stephen Hawking in den 1970er-Jahren detailliert beschrieben wurde, zehren Schwarze Löcher ihre gewaltige Masse letztendlich auf: Ein Schwarzes Loch mit der Masse einer großen Galaxie wird binnen 10^{98} bis 10^{100} Jahren vollständig verdampfen.

Was bleibt dann, wenn der Vorhang zu diesem Zeitalter fällt? Was wird die einsame kosmische Leere füllen? Können Lebewesen dort noch existieren? Am Ende wird unser Universum womöglich nur ein diffuses Meer aus Elektronen bilden.

Siehe auch Aussterben (1796), Sterbehilfe (1872), Quantenauferstehung (>100 Billionen)

Künstlerische Darstellung eines sterbenden Universums von Margaret M. Stewart. Astrophysiker haben das düstere Ende unseres derzeitigen Kosmos voller Sterne als einen unermesslichen Ozean aus subatomaren Teilchen beschrieben, in dem Sterne, Galaxien und sogar Schwarze Löcher erlöschen.

QUANTENAUFERSTEHUNG

LUDWIG EDUARD BOLTZMANN (1844–1906), LEONARD SUSSKIND (GEB. 1940), TOM BANKS (GEB. 1949), KATHERINE FREESE (GEB. 1957)

Das künftige Schicksal des Universums ist ungewiss, und einige Theorien postulieren eine kontinuierliche „Geburt“ von Universen, die aus dem unserem hervorgehen. Was unser Universum anbelangt, so wird es möglicherweise unendlich expandieren mit einer immer spärlicheren Teilchenverteilung und damit ein eher trauriges Ende nehmen. Doch selbst in einem solch leeren Universum werden – das besagt die Quantenmechanik – noch Zufallsfluktuationen in verbliebenen Energiefeldern auftreten. Partikel bilden sich dann spontan aus dem Vakuum wie aus dem Nichts. Für gewöhnlich ist diese Aktivität gering, und nur selten kommt es zu umfassenderen Fluktuationen. Doch bei ausreichend langer Wartezeit wird zwangsläufig etwas Größeres entstehen, etwa ein Wasserstoffatom oder ein kleines Molekül wie Ethylen ($H_2C{=}CH_2$). So unspektakulär dies zunächst klingen mag, kann plötzlich doch alles Mögliche zum Vorschein kommen – eine immerwährende Zukunft vorausgesetzt. Zumeist wird es sich um amorphe Masse handeln, aber irgendwann sind es womöglich winzige Mengen Ameisen, Planeten, Menschen oder sogar jupitergroße Gehirne aus Gold. Bei *unendlich* viel Zeit werden auch *wir* wiederkehren, meint die Physikerin Katherine Freese. Die Quantenauferstehung erwartet vielleicht uns alle.

Heute gibt es in seriösen Forscherkreisen sogar eine Diskussion darüber, ob *Boltzmann-Gehirne* – selbstbewusste, frei im Raum schwebende Gehirne – einst das Universum beherrschen werden. Boltzmann-Gehirne, die nach dem österreichischen Physiker Ludwig Boltzmann benannt werden, sind höchst unwahrscheinliche Objekte, und die Möglichkeit, dass eins im Laufe unseres 13,7 Milliarden Jahre alten Universums je existiert hat, geht geradezu gegen null. Nach Berechnungen von Tom Banks beträgt die Wahrscheinlichkeit, dass aus Wärmefluktuationen ein Gehirn hervorgeht, nur e hoch -10^{25}. Doch in einem unendlich großen Weltraum und bei unendlich viel Zeit könnten auch solch unheimliche, mit Bewusstsein ausgestattete Beobachter spontan in Erscheinung treten. Die wachsende Literatur zu den mit Boltzmann-Gehirnen verbundenen Konsequenzen setzte im Jahr 2002 ein, als Lisa Dyson, Matthew Kleban und Leonard Susskind ihre Forschungsergebnisse veröffentlichten, die vermuten lassen, dass der *typische* intelligente Beobachter das Ergebnis von Wärmefluktuationen sein könnte anstelle von Kosmologie und Evolution.

Siehe auch Reinkarnation (600 v. Chr.), Auferstehung (30 n. Chr.), Das Jenseits in einer Simulation (1967), Quantenunsterblichkeit (1987)

Künstlerische Darstellung von Bruce Rolff eines Gehirns ohne Körper im Weltraum. Könnten thermisch entstandene körperlose Intelligenzformen unser Universum beherrschen?

ANMERKUNGEN UND WEITERFÜHRENDE LITERATUR

Bezüglich weiterer Informationen, zusätzlicher Abbildungen und inhaltlicher Zusammenhänge zu den wissenschaftlichen und/oder medizinischen Einträgen in diesem Buch wie Quantenauferstehung, Kryonik und Autopsie vergleiche einige meiner früheren Publikationen: *Das Physikbuch. Vom Big Bang zur Quantenauferstehung* (Librero, 2014), *Die Geschichte der Medizin. Von Medizinmännern zur Roboterchirurgie* (Librero, 2014) und *The Book of Black* (Dover, 2013).

Die nachfolgende Liste führt einen Teil der Werke auf, die ich bei der Recherche und zum Verfassen dieses Buchs verwendet habe. Vielen Lesern wird bewusst sein, dass Internetseiten kommen und gehen. Manchmal ändern sich Webadressen oder verschwinden ganz. Die Webadressen, die hier aufgelistet sind, haben zum Zeitpunkt, als das Buch entstand, wertvolle Hintergrundinformationen geliefert.

Sollte ich einen interessanten oder zentralen Moment hinsichtlich der Wissenschaft und Soziologie des Todes und Jenseits übersehen haben, von dem Sie denken, dass er niemals so recht gewürdigt worden ist, so lassen Sie es mich wissen. Besuchen Sie meine Webseite *pickover.com* und senden Sie mir eine E-Mail, in der Sie die Idee erläutern und warum diese die Welt beeinflusste. Eine zukünftige Ausgabe des Buches wird vielleicht Beiträge enthalten wie letale Injektion, Kreuzigung, Lynchen, Ouijabretter oder Platons Erzählung von Er.

Ich danke Teja Krašek, Dennis Gordon, Susan Stone und Letitia Potorac für ihre Kommentare und Anregungen.

Einleitung

Christina, G., „Comforting Thoughts about Death that Have Nothing to Do with God“, *Skeptical Inquirer*, März/April 2005, S. 50.

Kosslyn, S., Kapitel in: *What We Believe but Cannot Prove*, Hg. J. Brockman (New York: Harper, 2006).

Pickover, C., *A Beginner's Guide to Immortality* (New York: Thunder's Mouth Press, 2007).

um 11.000 v. Chr.: Natufische Trauerblumen

Barras, C., „Flowers Have Been at Funerals for 13,000 Years“, *New Scientist*, 2. Juli 2013, tinyurl .com/oqlbgvn.

Nadel, D., et al. „Earliest Floral Grave Lining from 13,700–11,700-y-old Natufian Burials at Raqefet Cave, Mt. Carmel, Israel“, Proceedings of the National Academy of Sciences of the United States of America, 16. Juli 2013, tinyurl. com/lo5r5ux.

um 4000 v. Chr.: Hügelgräber

„Jefferson's Excavation of an Indian Burial Mound“, *The Jefferson Monticello*, November 2010, tinyurl.com/c6owtx2.

Orchard, A., *A Critical Companion to Beowulf* (Suffolk, England: D. S. Brewer, 2003).

um 4000 v. Chr.: Särge

De Witte, M., *Long Live the Dead* (Amsterdam: Aksant, 2001).

um 2400 v. Chr.: Himmel

Lotz, A., *Heaven* (Nashville: Thomas Nelson, 2005).

Smith, G., *Heaven in the American Imagination* (New York: Oxford University Press, 2011).

um 2000 v. Chr.: *Das Gilgamesch-Epos*

Mitchell, S., *Gilgamesh* (New York: Atria, 2004).

Sandars, N., *The Epic of Gilgamesh* (New York: Penguin Books, 1972).

um 1772 v. Chr.: Todesstrafe

Marzilli, A., *Capital Punishment* (New York: Chelsea House, 2008).

um 1600 v. Chr.: Grabsteine

Greenfield, R., „Our First Parks: The Forgotten History of Cemeteries“ (Interview mit K. Eggener), *The Atlantic*, 16. März 2011, tinyurl.com/d95o8gq.

„Stela“, *Encyclopaedia Britannica,* abgerufen am 20. April 2015, tinyurl.com/lptagh2.

um 1550 v. Chr.: *Das Ägyptische Totenbuch*

Allsop, L., „Ancient Egyptians' Spells Were ‚Passport' into Paradise“, CNN.com, 4. November 2010, tinyurl.com/ ms3jmm4.

Lichtheim, M., *Ancient Egyptian Literature, Bd. II* (Berkeley: University of California Press, 2006).

um 1007 v. Chr.: Die Hexe von Endor

Day, C., *The Witches' Book of the Dead* (San Francisco: Weiser, 2011).

Wray, T., *Good Girls, Bad Girls* (Lanham, MD: Rowman & Littlefield, 2008).

um 600 v. Chr.: Reinkarnation

Dowdey, S., „How Reincarnation Works“, HowStuffWorks.com, abgerufen am 20. April 2015, tinyurl.com/n7sfjjy.

um 480 v. Chr.: Epitaphe

Miller, K., *Last Laughs* (New York: Sterling, 2006).

Wright, G., *Discovering Epitaphs* (Oxford, UK: Shire, 2008).

um 400 v. Chr.: Hölle

Crisafulli, C., und K. Thompson, *Go to Hell* (New York: Simon & Schuster, 2005).

um 300 v. Chr.: Suizid

Watt, J., *From Sin to Insanity* (Ithaca, NY: Cornell University Press, 2004).

um 210 v. Chr.: Terrakotta-Armee

Capek, M., *Emperor Qin's Terra Cotta Army* (Minneapolis, MN: Twenty-First Century Books, 2008).

um 100 v. Chr.: Xibalba

Chládek, S., *Exploring Maya Ritual Caves* (Lanham, MD: AltaMira, 2011).

um 30 v. Chr.: Auferstehung

Vermes, G., *The Resurrection* (New York: Doubleday, 2008).

um 70 n. Chr.: Schwangerschaftsabbruch

Guenin, L., „Morals and Primordials“, Science 292 (Juni 2001):1659.

Pickover, C., *Die Geschichte der Medizin* (Kerkdriel: Librero, 2014).

um 80 n. Chr.: Äußere Finsternis

Faust, J. D., *The Rod: Will God Spare It?* (Hayesville, NC: Schoettle Publishing Co., 2003).

Lockyer, H., *All the Parables of the Bible* (Grand Rapids, MI: Zondervan, 1988).

Pickover, C., *The Book of Black* (New York: Dover, 2013).

Williams, D., *Complete Idiot's Guide to Understanding Mormonism* (Indianapolis: Alpha, 2003).

um 100 n. Chr.: Gespenster

Danelek, J., *The Case for Ghosts* (Woodbury, MN: Llewellyn, 2006).

um 135: Märtyrer

Roth, C., *Encyclopedia Judaica* (18 Bände im Schuber) (New York: Coronet Books, Nachdruck, 2002).

um 780: *Das Tibetische Totenbuch*

Bower, M. und J. Waxman, *Lecture Notes: Oncology* (Hoboken, NJ: Wiley-Blackwell, 2010).

um 1220: Bifröst

Lee, R., und A. Fraser, *The Rainbow Bridge* (University Park, PA: Pennsylvania State University Press, 2001).

1321: Dantes *Göttliche Komödie*

Kirkpatrick, R., Hg., *Dante* (New York: Cambridge University Press, 2006).

SparkNotes Editors, „SparkNote on Inferno", SparkNotes, abgerufen am 20. April 2015, tinyurl.com/cp5s5p.

1328: Himmelsbestattung

Faison, S., „Lirong Journal: Tibetans, and Vultures, Keep Ancient Burial Rite", *New York Times*, 3. Juli 1999, tinyurl.com/mtys8ma.

1347: Schwarzer Tod

Cantor, N., *In the Wake of the Plague: The Black Death and the World It Made* (New York: Free Press, 2001).

Marriott, E., *Plague* (New York: Metropolitan Books, 2002).

1350: Banshee

Yeats, W., *The Celtic Twilight* (London, A. H. Bullen, 1893).

1424: Sensenmann

Aiken, L., *Dying, Death, and Bereavement* (Mahwah, NJ: Lawrence Erlbaum Associates, 2001).

um 1490: *Tod eines Geizhalses*

Bosing, W., *The Complete Paintings of Bosch* (Los Angeles: Taschen, 2000).

Pankofsky, E., *Early Netherlandish Painting* (New York: HarperCollins, 1971).

1519: Tag der Toten

Paz, O., *The Labyrinth of Solitude* (New York; Grove Press, 1994).

Williams, K., und S. Mack, *Day of the Dead* (Layton, UT: Gibbs Smith, 2011).

um 1590: Trauerzug

Benjamin, K., *Funerals to Die For* (Avon, MA: Adams, 2013).

Hoy, W., *Do Funerals Matter?* (New York: Routledge, 2013).

1619: Pestärzte

Rosenhek, J., „Doctors of the Black Death", *Doctor's Review*, Oktober 2011, tinyurl.com/kaa3swh.

1651: Totengräber

Quigley, C., *The Corpse* (Jefferson, NC: McFarland, 1996).

Parets, M., *A Journal of the Plague Year* (Amelang, J., Übersetzer) (New York: Oxford University Press, 1991).

1731: Nachrufe

Bowman, D., zitiert in: N. Starck, *Life After Death* (Melbourne University Publishing, 2006).

Hume, J., *Obituaries in American Culture* (Jackson: University Press of Mississippi, 2000).

Pickover, C., *A Beginner's Guide to Immortality* (New York: Thunder's Mouth Press, 2007).

1770: Totenschein

Wexelman, B., zitiert in: L. Altman, „Making the Right Call, Even in Death", *New York Times*, 1. Juli 2013, tinyurl.com/lvfa5mg.

1792: Guillotine

Abbott, G., *What a Way to Go* (New York: St. Martin's, 2007).

um 1805: *Jakobs Traum*

Ryken, L, J. Wilhoit, und T. Longman, Hg., *Dictionary of Biblical Imagery* (Downers Grove, IL: InterVarsity Press, 1998).

1818: *Frankenstein*

Goldman, M., „Origins of the Modern Prometheus", *Science*, 341 (Juli 2013): 131, tinyurl.com/n9mde25.

1819: Vampire

Johnson, E. M., „A Natural History of Vampires", *Scientific American* (blog), 31. Oktober 2011, tinyurl.com/73mgtqp.

Maberry, J., *Vampire Universe* (New York: Citadel, 2006).

1831: Friedhöfe

Greenfield, R., „Our First Parks: The Forgotten History of Cemeteries“ (Interview mit K. Eggener), *The Atlantic*, 16. März 2011, tinyurl.com/d95o8gq.

1845: „Der Rabe“

Kennedy, J., Hg., *The Portable Edgar Allan Poe* (New York: Penguin, 2006).

1845: Sommerland

Davis, A., *The Great Harmonia* (New York: B. Marsh, 1852).

Davis, A., *A Stellar Key to the Summer Land* (Los Angeles: Austin Publishing, 1920).

1846: Totenkopfschwärmer

Majerus, M., *Moths* (New York: Collins, 2010).

Murgoci, A., „The Vampire in Roumania“, *Folk-Lore*, 37 (Dezember 1926).

1848: Séance

Pickover, C., *Dreaming the Future* (Amherst, NY: Prometheus, 2001).

1852: *Ophelia*

Brown, R., *The Art of Suicide* (London: Reaktion Books, 2001).

Thomas, J., „Ophelia“, in *Encyclopedia of the Romantic Era*, 1760–1850, Hg. C. Murray (New York: Routledge, 2003).

1867: Einbalsamierung

Laderman, G., *Rest in Peace* (New York: Oxford University Press, 2005).

1872: Sterbehilfe

Dworkin, R., *Life's Dominion* (New York: Vintage, 1994).

1880: Cotard-Syndrom

Enoch, E., und H. Ball, *Uncommon Psychiatric Disorders*. (London: Hodder Arnold, 2001). (Quelle der Zitate von Patienten.)

1886: *Der Tod des Iwan Iljitsch*

Blythe, R., Einleitung zu: Leo Tolstois *The Death of Ivan Ilyich* (New York: Bantam, 1981).

um 1888: Totenmaske

Kolbe, G., Vorwort zu: *Undying Faces*, übers. M. Green (Whitefish, MT: Kennsinger, 2010). (Eine Übersetzung von E. Benkards *Das Ewige Antlitz*.)

Quigley, C., The Corpse (Jefferson, NC: McFarland, 1996).

um 1890: Tissots Kreuzigungsvision

Brooklyn Museum, „James Tissot: ‚The Life of Christ'“, abgerufen am 20. April 2015, tinyurl.com/lbhd2g8.

Matyjaszkiewicz, K., *James Tissot* (New York: Abbeville, 1985).

1895: Schwabes *Der Tod des Totengräbers*

Guthke, K., *The Gender of Death* (New York: Cambridge University Press, 1999).

1896: *Im Garten des Todes*

Bertman, S., „The Garden of Death“, LITMED (Literature, Arts, Medicine Database), zuletzt bearbeitet am 17. Mai 2007, tinyurl.com/kl962p5.

1902: „Die Affenpfote“

Rescher, N., *Philosophical Explorations* (Piscataway, NJ: Transaction Books, 2011).

1907: Auf der Suche nach der Seele

Pickover, C., *Die Geschichte der Medizin* (Kerkdriel: Librero, 2014).

1922: Letzte Worte Sterbender

Bisbort, A., *Famous Last Words* (Rohnert Park, CA: Pomegranate, 2001).

Brotman, B., „Striking Similarity of Dying Words“, *Chicago Tribune*, 19. Juni 2013, tinyurl .com/o4a4hq3.

Callanan, M., Kelley, P., *Final Gifts* (New York: Simon & Schuster, 2012).

1922: Lovecrafts Wiedererwecker

Brite, P., Vorwort zu: *Waking Up Screaming* (New York: Del Rey, 2003).

Hambly, B., Einleitung zu: *The Road to Madness* (New York: Del Rey, 1996).

1944: Völkermord

Destexhe, A., *Rwanda and Genocide in the Twentieth Century* (New York: New York University Press, 1995).

1944: Kamikazepiloten

Merari, A., *Driven to Death* (New York: Oxford University Press, 2010).

Stevenson, J. „An Excerpt from Kamikaze Death Poetry“, *SPECS Journal of Art and Culture*, 2(2009): 172.

1951: *Die Grasharfe*

Tyson, D., *Scrying for Beginners* (Woodbury, MN: Llewellyn, 1997).

1956: Herz-Lungen-Reanimation

Pickover, C., *Die Geschichte der Medizin* (Kerkdriel: Librero, 2014).

1956: Goldings Übergangswelt

Eagleton, T., *Figures of Dissent* (New York: Verso, 2003).

Golding, W., *Pincher Martin: The Two Deaths of Christopher Martin* (New York: Harvest Books, 2002).

Pickover, C., *The Book of Black* (New York: Dover, 2013).

Redpath, P., *William Golding: A Structural Reading of His Fiction* (Totowa, NJ: Barnes & Noble Books, 1986).

Surette, L., „A Matter of Belief: Pincher Martin's Afterlife", *Twentieth Century Literature*, 40 (Sommer 1994): 205-225. (Quelle für Goldings Radiointerview.)

1957: Transhumanismus

Huxley, J., *New Bottles for New Wine* (London: Chatto & Windus, 1957).

Pickover, C., *A Beginner's Guide to Immortality* (New York: Thunder's Mouth Press, 2007).

1962: Kryonik

Alam, H., zitiert in: A. „Suspended Animation: Putting Life on Hold", *New Scientist*, 21. Januar 2006, tinyurl.com/4h3kku2.

Pickover, C., *Die Geschichte der Medizin* (Kerkdriel: Librero, 2014).

1962: Undines Fluch

Landau, I., *The Hypochondriac's Handbook* (New York: Skyhorse Publishing, 2010).

Tallis, R., *The Kingdom of Infinite Space* (New Haven, CT: Yale University Press, 2008).

1967: Das Jenseits in einer Simulation

Davies, P., „A Brief History of the Universe", *New York Times*, 12. April 2003, tinyurl.com/yfyap9t.

Pickover, C., *Das Physikbuch* (Kerkdriel: Librero, 2014).

Reese, M., „In the Matrix", Edge.org, abgerufen am 20. April 2015, tinyurl.com/yke5b7w.

1967: Hospize

Pickover, C., *Die Geschichte der Medizin* (Kerkdriel: Librero, 2014).

1968: Hirntod

Machado, C., *Brain Death*: A Reappraisal (New York: Springer, 2007).

1968: Zombies

Brown, N., *The Complete Idiot's Guide to Zombies* (Indianapolis: Alpha, 2010).

Moreman, C., und C. Rushton, *Zombies Are Us* (Jefferson, NC: McFarland, 2011).

1969: *Interviews mit Sterbenden*

Nicht alle Patienten durchlaufen natürlich alle Trauerphasen, und es gab einige Kritik, dass die fünf Phasen nicht ausreichend genau seien. Dennoch hatte *Interviews mit Sterbenden* einen großen Einfluss auf Laien wie auch auf Heilberufler.

Pickover, C., *A Beginner's Guide to Immortality* (New York: Thunder's Mouth Press, 2007).

Redwood, D., „Elisabeth Kübler-Ross, Interview" *tinyurl.com/m84bsmp*.

1975: Nahtoderfahrungen

Pickover, C., *Die Geschichte der Medizin* (Kerkdriel: Librero, 2014).

1976: Verzicht auf Wiederbelebung

Pickover, C., *Die Geschichte der Medizin* (Kerkdriel: Librero, 2014).

Woodruff, W., *tinyurl.com/pte2p4b*.

1980: Todesschwadronen

Arnson, C., „Window on the Past: A Declassified History of Death Squads in El Salvador". In: *Death Squads in Global Perspective*, Campbell, B., und A. Brenner, Hg. (New York: Palgrave, 2002).

1987: Quantenunsterblichkeit

Pickover, C., *Das Physikbuch* (Kerkdriel: Librero, 2014).

1996: Dunkler Tourismus

Foley, M., und J. Lennon, „JKF and Dark Tourism: A Fascination with Assassination", *International Journal of Heritage Studies 2* (1996): 198–211.

Foley, M., und J. Lennon, „Dark Tourism: An Ethical Dilemma", in: *Strategic Issues for the Hospitality: Tourism and Leisure Industries*, Hg. M. Foley, J. J. Lennon, und G. Maxwell (London: Cassell, 1997), S. 153–164.

Lennon, J., „Journeys into Understanding: What Is Dark Tourism?" *The Observer*, 23. Oktober 2005, http://tinyurl.com/24zsbk.

Lennon, J., und M. Foley, *Dark Tourism: The Attraction of Death and Disaster* (London: Continuum, 2000).

Pickover, C., *The Book of Black* (New York: Dover, 2013).

Rojek, C., *Ways of Seeing-Modern Transformations in Leisure and Travel* (London: Macmillan, 1993).

Seaton, A. V., „Thanatourism's Final Frontiers? Visits to Cemeteries, Churchyards and Funerary Sites as Sacred and Secular Pilgrimage", *Tourism Recreation Research* 27 (2002): 73–82.

„The Word: Dark Tourism", *New Scientist* 2597 (31. März 2007): 50.

Yuill, S. M., *Dark Tourism: Understanding Visitor Motivation at Sites of Death and Disaster*, Doktorarbeit, Texas A&M University, Dezember 2003, http://tinyurl.com/9mzshah.

2002: Programmierter Zelltod

Edmonds, M., „What Is Apoptosis?" HowStuffWorks.com, abgerufen am 20. April 2015, tinyurl.com/phbzjo6.

Melino, G., und D. Vaux, Hg., Vorwort zu: *Cell Death* (Hoboken, NJ: Wiley, 2010).

Melino, G., D. Vaux, und J. Ameisen, „The Siren's Song: This Death that Makes Life Live", in: *Cell Death* (Hoboken, NJ: Wiley, 2010).

>100 Billionen: Tod des Universums

Adams, F., Laughlin, G., *The Five Ages of the Universe* (New York: Free Press, 2000).

Pickover, C., *Das Physikbuch* (Kerkdriel: Librero, 2014).

>100 Billionen: Quantenauferstehung

Kosmologen bezeichnen diese Gehirne auch als „Freak-Observer" im Gegensatz zum herkömmlichen Beobachter des Kosmos. Man nehme zur Kenntnis, dass diese Gehirne keine biologischen Körper benötigen, um sie zu unterstützen. Die Frage, was ein „typischer" Beobachter in einem unendlichen Universum tatsächlich ist, wird weiterhin kontrovers diskutiert. Wenn einige Atome in einem anderen Universum kurz zusammenkommen und schauen und genauso denken wie Sie, sind Sie das dann? Zufällige Fluktuationen könnten sogar zu einem neuen Big Bang führen.

Aczel, A, „The Higgs, Boltzmann Brains, and Monkeys Typing Hamlet", *Discover*, 31. Oktober 2012, tinyurl.com/n82r9zt.

Banks, T., „Entropy and Initial Conditions in Cosmology", Cornell University Library, 16. Januar 2007, *tinyurl.com/yjxapye*.

Battersby, S. „Quantum Resurrection", Randnotiz in: „The Final Unraveling of the Universe", *New Scientist*, 185(2005): 31-37.

Carroll, S., „The Higgs Boson vs. Boltzmann Brains," 2013, tinyurl.com/mnhkozc. „Wenn das Universum in eine de-Sitter-Vakuumphase eintritt, die wahrhaft ewig ist, wird es eine endliche Temperatur im leeren Raum geben und entsprechende thermische Fluktuationen. Unter diesen Fluktuationen werden auch intelligente Beobachter sein. ..."

Pickover, C., *Das Physikbuch* (Kerkdriel: Librero, 2014).

REGISTER

ABBILDUNGSNACHWEIS

Da eine Reihe historischer und seltener Dokumente in diesem Buch nur schwer in einem sauberen und lesbaren Zustand zu bekommen waren, habe ich mir manchmal die Freiheit genommen, mit Bildbearbeitungstechniken Dreck oder Kratzer zu entfernen, verblasste Stellen nachzubearbeiten und bisweilen ein Schwarz-Weiß-Dokument leicht zu kolorieren, um bestimmte Details hervorzuheben oder einfach um eine Abbildung attraktiver für den Betrachter zu machen. Ich hoffe, dass Puristen mir diese leichten künstlerischen Eingriffe verzeihen und verstehen werden, dass es mein Ziel war, ein unterhaltsames Buch zu schaffen, das ästhetisch eine breite Leserschaft anspricht. Meine Faszination für die unglaubliche Tiefe und Vielfalt der Themen rund um Tod und Jenseits sollte durch die in diesem Buch gezeigten Illustrationen evident werden.

Courtesy National Archives and Records Administration
80-G-323712: S. 158

Courtesy Prints and Photographs Division, Library of Congress
LC-USZC4-8266: S. 116; LC-USZ62-137315: S. 172

Shutterstock
© 2630ben: S. 4; © Linda Bucklin: S. 170; © Cornfield: S. 6; © Givaga: S. 160; © Knorre: S. 194; © Nejron Photo: S. 190; © Ociacia: S. 168; © Libor PÃÅika: S. 24; © Tonis Pan: S. 174;© Michal Poracky: S. 146; © Bruce Rolff: S. 198; © Margaret M Stewart: S. 196; © Alexandra Thompson: S. 192; © Petr Vaclavek: S. 186; © verandah: S. 156; © Viktorus: S. 164; © WELBURNSTUART: S. 180

Courtesy Wikimedia Foundation
© BabelStone: S. 12; © Tomas Castelazo, www.tomascastelazo.com: S. 80; © Robert A. Estremo: S. 38; © Gryffindor: S. 108; © Jean-Marie Hullot: S. 62; © Jisa39: S. 88; © MarosMraz: S. 44; © DaniNadel: S. 2; © NikodemNijaki: S. 16; N.Y.C. Department of Records/Municipal Archives: S. 96; © Paterm: S. 134; © Photowriter: S. 110; © RedAndr: S. 128; © James Steakley: S. 32; © Truthven: S. 34; Walters Art Museum: S. 58, S. 178; The Yorck Project: S. 26, S. 90; © Zenith210: S. 70; XII; S. 8; S. 10; S. 14; S. 18; S. 20; S. 22; S. 28; S. 30; S. 40; S. 42; S. 46; S. 48; S. 50; S. 52; S. 54; S. 56; S. 60; S. 64; S. 66; S. 68; S. 72; S. 74; S. 76; S. 78; S. 82; S. 84; S. 86; S. 92; S. 94; S. 98; S. 100; S. 102; S. 104; S. 106; S. 112; S. 114; S. 118; S. 120; S. 124; S. 126; S. 130; S. 132; S. 136; S. 138; S. 142; S. 144; S. 148; S. 150; S. 152; S. 154; S. 162; S. 166; S. 176; S. 182; S. 184; S. 188